栄東高等学校

SAKAE HIGAS
SCHOOL GUIDE
SENIOR
H SCHOOL

全国学生美術展 最高位賞!!

国際地学オリンピック
参加34か国→銀メダル!!
文部科学大臣表彰!!

最年少!! 15歳で
行政書士試験合格!!

全国鉄道模型コンテスト
理事長特別賞!!

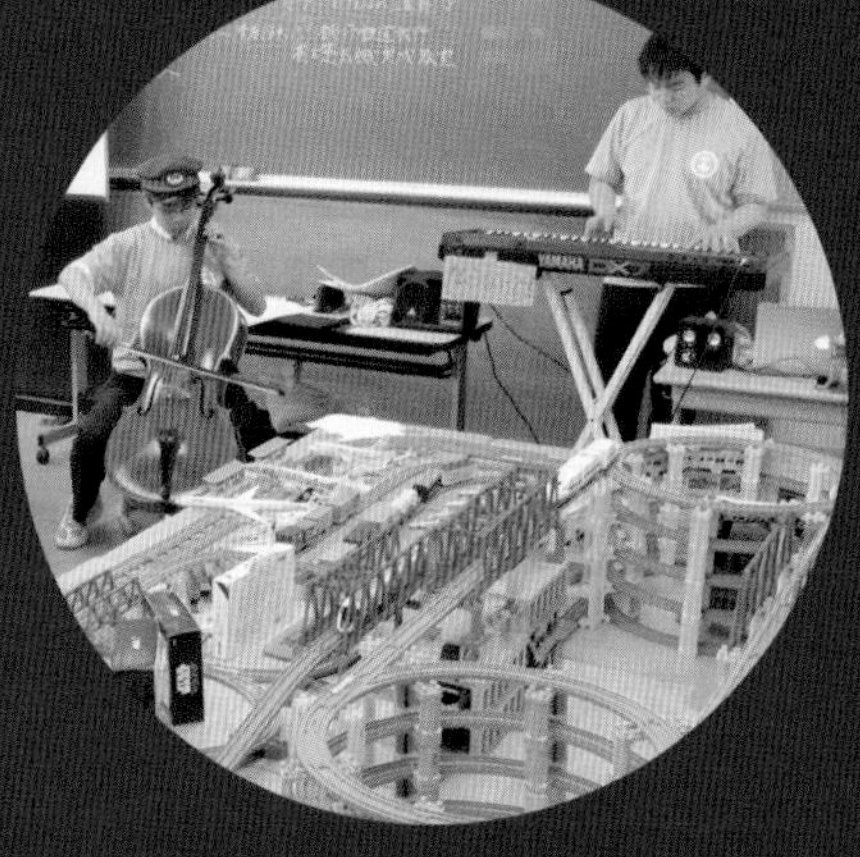

東京オリンピック４位!! (AS)

チアダンス
東日本大会優勝!!

栄東の誇るサメ博士!!
サンシャインでトークショー

栄東のクイズ王!!
東大王 全国大会 日本一!!

産経国際書展 U23大賞!!

〒337-0054 埼玉県さいたま市見沼区砂町2-77（JR東大宮駅西口 徒歩８分）
◆アドミッションセンター TEL：048-666-9288 FAX：048-652-5811

「もっと知りたい」、「この先に広がる景色を見てみたい」。
そんな気持ちに応えるための学習環境が、桐朋にはあります。
仲間たちと切磋琢磨しながら、あなたにしか描けない未来へ。

桐朋中学校・桐朋高等学校

〒186-0004　東京都国立市中3-1-10　JR国立駅・谷保駅から各徒歩15分　WEB／https://www.toho.ed.jp/

CONTENTS

Success15 4

http://success.waseda-ac.net/

サクセス15
April 2022

HIROO
GAKUEN
KOISHIKAWA

国際化が進み多様性が求められる時代

本物に触れ、本物を目指す教育で生徒一人ひとりが、
それぞれの思いを抱き本物への道を歩けるように。

広尾学園小石川 高等学校
HIROO GAKUEN KOISHIKAWA Senior High School

東京都文京区本駒込2-29-1
TEL.03-5940-4187
FAX.03-5940-4466

テクノロジーで大きく進歩

私たちの生活を支える「物流」

みなさんも通販やネット注文など「自宅に商品が届く」サービスを利用したことがあるでしょう。そうした便利なサービスを支えているのが「物流」です。コロナ禍で利用者が増えたことから物流業界には新たな課題も浮上しており、それをテクノロジーで解決しようと様々な企業が奮闘しています。今回は、GROUND株式会社とCBcloud株式会社の方々に、物流×テクノロジーの具体例やメリットをお伺いしました。まずは、物流の基礎知識についてお伝えし、続いて物流倉庫、配送作業で使われている物流テックについて紹介します。

画像提供：GROUND 株式会社、CBcloud 株式会社、PIXTA

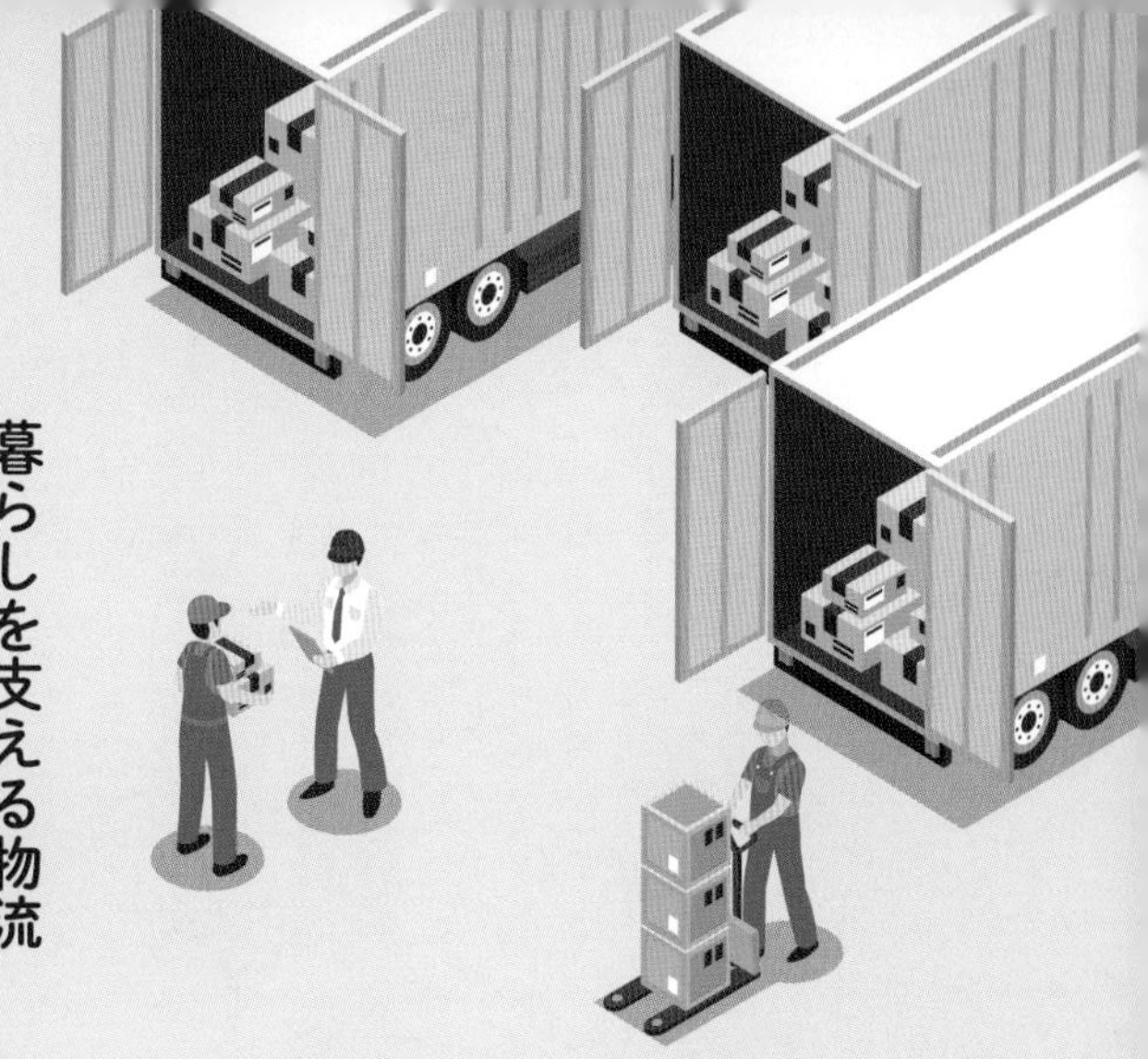

物流ってなんだろう？

そもそも「物流」とはなにをさす言葉なのでしょうか？
ここでは、知っているようで知らない物流のいろはを学んでいきます。

暮らしを支える物流
近年では変革の動きも

みなさんは「物流」と聞いて、どんなイメージを抱きますか？　多くの方は、大型トラックが荷物を運んでいる様子を思い浮かべるかもしれません。しかし、じつは様々な段階や役割があり、そのすべてをまとめて物流と呼んでいるのです。

まずは、各地で商品が①生産され、倉庫や物流センターで②保管・包装されます。その後、店舗に③配送され、店頭やインターネットで④販売、それをみなさんが⑤購入するというのが大きな流れです【下図】。また、通信販売（通販）で購入した場合には、店舗を介さず消費者に商品が届くこともあります。

このように、「物」がみなさんのもとに届くまでの「流れ」をさすのが「物流」です。

ここ数年のコロナ禍により、とくに通販の需要が急激に高まるなど、物流は私たちの日常生活に欠かせないものとなっています。ますます便利になる一方で、取り扱う荷物が増えたために、人手不足や業務の複雑化といった問題も発生。物流業界では、そうした課題を解決するために「物流テック」と名づけてテクノロジーを活用する動きが活発化しています。

今回の特集では、普段あまり目に見えない「物の流れ」の裏側を、日々進化する物流業界を通してのぞいていきます。次ページでは、解決すべき課題にはどんなものがあるか、見ていきましょう。

物流業界が抱える課題

物流業界が抱える課題について、とくに危惧されている3つをお伝えしていきます。今後どのような影響があるか、考えてみましょう。

人手不足

喫緊の課題といわれているのが、人手の確保です。なかでもトラックドライバーは長時間労働が多い環境を改善するため、２０２４年から時間外労働※が従来よりも短くなるよう制限されます。現在のような速さでものを届けるには、より効率的に、そしてより快適に働ける環境作りが必要になってくるのです。

技術革新への対応

海外では、物流センターでロボットを積極的に導入したり、商品の配送にドローンが使われたりと「物流テック」の応用が進んでおり、国内でも実用化が求められています。また、お客さんと対面しない宅配や手続きの電子化など、コロナ禍での新しい生活様式にも対応しなければなりません。これらが技術面での課題とされています。

災害時の対策

自然災害や感染症の流行によって物流の機能が停止すると、たくさんの人の生活に影響が出てしまいます。したがって、非常時でも「物の流れ」を維持できる環境を整えることが重要です。具体的には、大型トラックが安全に走行できる道路の整備や、物資供給用の緊急車両が通行する路線の確保などが進められています。

物流用語集

D2C
Direct to Consumerの略で、製造者・メーカーが自社のECサイトなどを通じて消費者に直接商品を販売すること。

EC
Electronic Commerceの頭文字で、電子商取引と訳される。インターネット上で商品を売買すること。通販やオンラインオークションなど。

RFID
Radio Frequency Identificationの頭文字をとったもので、ICチップの入った電子タグを利用したシステムのこと。

RPA
Robotic Process Automationの頭文字。人が行っていた作業を、ソフトウェアで代行・自動化すること。

この記事にも出てくるよ

サプライチェーン（Supply chain）
商品が生産されてから消費者の手元に届くまでの、一連の流れのこと。→P 6

荷姿
配送する荷物の外観。段ボール、封筒、紙袋など様々。→P11

ピッキング
倉庫や物流センターなどで、商品を保管された場所から取り出して集めること。→P 8

ラストワンマイル
消費者に商品やサービスが届く最後の接点。通販で例えると、宅配業者が顧客に商品を配送する段階のこと。→P10

ルーティング
荷物を配送する経路や道順を定めること。→P10

※労働基準法で定められた時間を超えて働くこと。一般的に「残業」とも呼ばれる。

物流倉庫 × テクノロジー

商品を生産するメーカーと消費者をつなぐ中継地点である物流倉庫。GROUND株式会社は様々なテクノロジーを、日本の物流倉庫の現場に導入する支援をしています。

物流倉庫の作業を手助けする 人と協働するロボット

GROUND株式会社
ソリューション営業本部ソリューション営業企画部
平野（ひらの） 一将（かずまさ）さん

作業を効率化し 人手不足を解消

物流倉庫では、配送する荷物をリストで確認しながら歩いてピッキングし、梱包したあとトラックに乗せています。物流業界の労働者不足問題やニーズの複雑化に対応するため、いち早く物流倉庫で使用するロボットに着目したGROUNDは、海外の企業と協力し、研究・開発にも携わりながら導入を進めてきました。

「私たちは、色々なロボットの導入・運用支援を行い、倉庫内作業の効率化を図っています。例えば『PEER』は海外の企業と共同研究・開発をして誕生した、人と協力して働くロボットです。このロボットは注文が入ると、まずピッキングしなければならない商品の場所まで自走します。そして作業者が『PEER』についているiPadの指示に従って商品をかごに入れると、梱包を行う場所まで自動で運びます。さらに障害物や人を感知するセンサーがついているので、人にぶつかりそうになると避けるという機能もあります。

ほかにも、ステーションと呼ばれる専用の場所に立つ作業者のもとに商品が入った棚ごと運ぶロボット『Ranger™GTP』など、人とスペースを分けて作業を行うロボットもあります。現場からは従来のやり方に戻りたくないと、嬉しい声も寄せられています」と平野さんは話します。

開発にあたって 使用者の声を大切にする

様々なロボットの導入にあたって、平野さんは実際に現場で使う人の目線を大切にしているといいます。

「日本ではまだ物流のロボットを使用している企業は多くありませんが、導入してよかったと思ってもらえるよう、現場の声を聞きながら、多くの人が使いやすいロボットを世界中から探し、研究しています。また導入したロボットについても改良を重ね、よりよいものになるよう努めています。今後もつねに最先端のテクノロジーを駆使しながら、持続可能な物流を実現していきたいです。

私がこの仕事を始めたきっかけは、中学生のときに自動車とバイクに興味があり、社会人になってからも、ものづくりに関心を持っていたことです。みなさんも、興味のあることが将来につながっていくかもしれませんので、いまある好奇心を大切にしてくださいね」（平野さん）

GROUNDが導入支援・共同開発するロボット

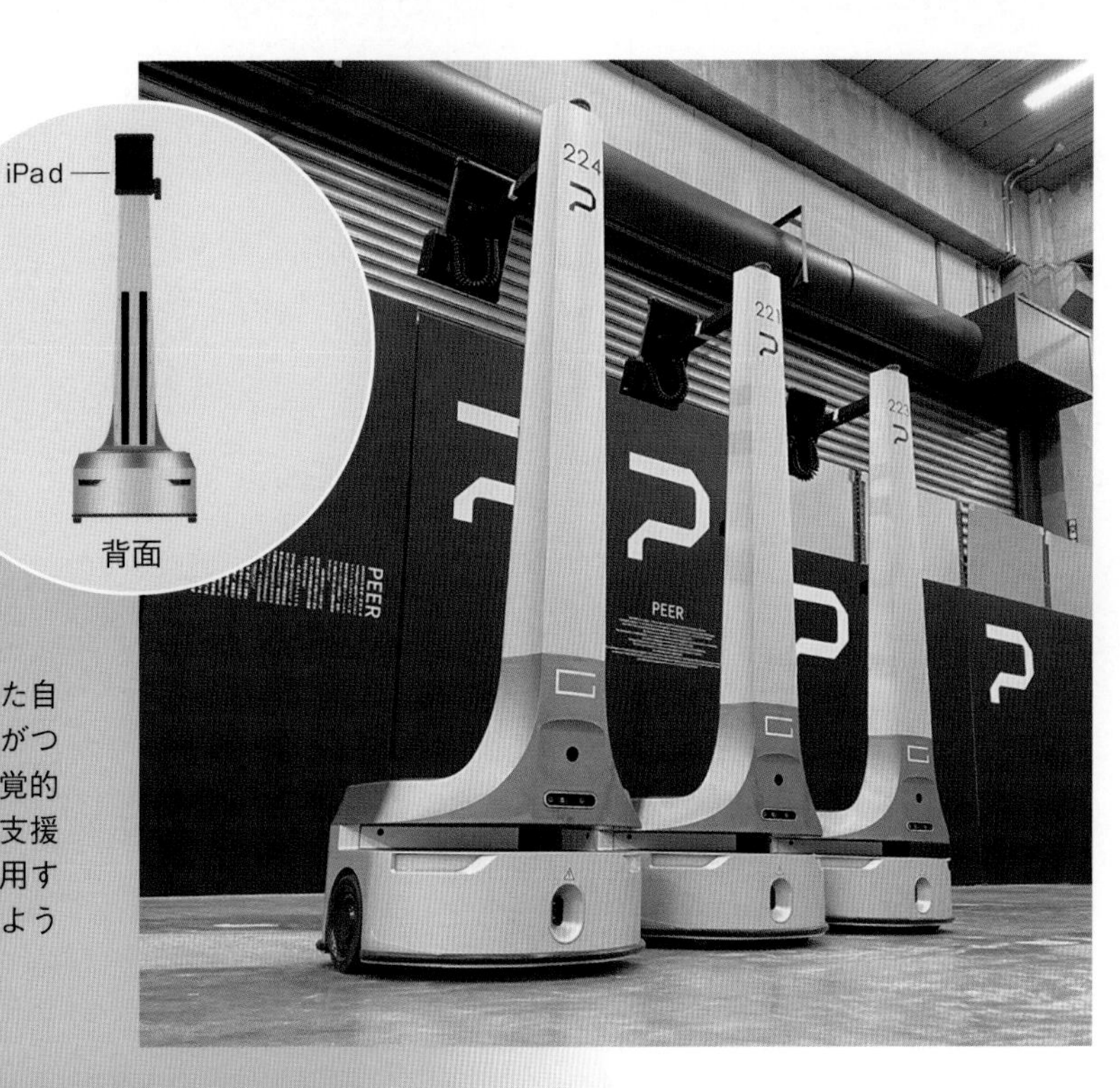

PEER

日本で初めて物流現場で採用された自律型の協働ロボット。背面にはiPadがついており、ピッキングする荷物を視覚的にわかりやすく示すことで作業者を支援します。平野さんによると初めて使用する人でも、5分あれば使いこなせるようになるといいます。

Ranger™GTP

倉庫の床に貼られたバーコードを読み取ることで、位置情報を確認しながら商品の入った棚を運びます。作業者が動かずにピッキングすることができるので、導入した企業では作業効率が4倍にもなったそうです。

GULF-1400-CDD

重い荷物を持ち上げるフォークリフト機能を持った無人搬送ロボット。最適な経路を算出できる「自動運転アルゴリズム」が搭載されています。

Oasis300C

ピッキングした荷物を運ぶ自律移動ロボット。高い精度で目的地点に停止することができます。また、PEERと同じくセンサーがついているので、人や障害物を検知して避けることも可能です。

「T」シリーズ

海外でおもにレストランの配膳などに活用されているロボットですが、物流倉庫でも応用できると考え、今後導入を支援していくそうです。

配送×テクノロジー

配送業者がみなさんの元に荷物を届ける、このラストワンマイルにスポットをあてたシステムを開発しているCBcloud株式会社。さて、どんなシステムなのでしょう。

配送業務の効率化を図り ドライバーの生産性をアップ

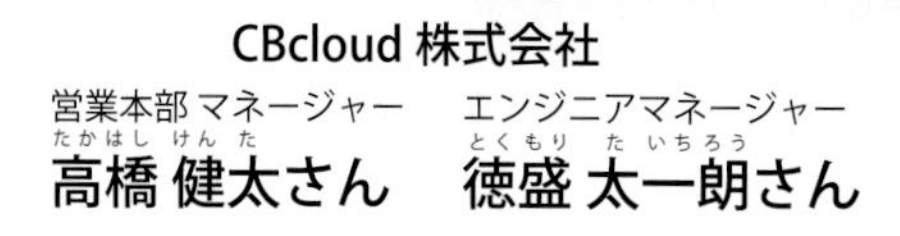

CBcloud 株式会社

営業本部 マネージャー 高橋(たかはし) 健太(けんた)さん　エンジニアマネージャー 徳盛(とくもり) 太一朗(たいちろう)さん

すべての行程で ドライバーをサポート

その日配達する荷物を1つひとつ確認し、紙の地図を見ながら配送ルートを考える、そして荷物を車両に積み込み1軒1軒の配送先を回る……この従来の配送作業を効率化しようと作られたのが「SmaRyuポスト」です。

私たちは普段、購入した商品などが自宅に届けられること（ときには指定した日時に）を当たり前のように感じています。しかしそれは、配送会社、そして配送してくれるドライバーがいるからこそ実現していることなのです。

高橋健太さんは「私は物流を、水道や電気などと同じ、生活に欠かせない社会基盤、つまり『インフラ』だと考えています。その重要な役割を担うドライバーをサポートしたいとの思いから『SmaRyuポスト』は生まれました」と話されます。

「開発にあたって配送準備や実際の配送の様子を見学しました。そのときにドライバーという仕事の大変さを実感したので、よりよいシステムをできるだけ早く届けなければと感じたんです。半年でシステムを作り上げ、現在も現場の声を聞きながら、毎月アップデートを繰り返しています」と徳盛太一朗さん。

「SmaRyuポスト」は、スマートフォンのアプリ上で操作が可能。まずは荷物の伝票につけられたバーコードやQRコードを読み取ります。すると時間指定や住所をもとに自動でルーティング。配送の順番を考慮した車両での荷物の積み位置もアドバイスしてくれます。

配送開始後は、表示された詳細地図を見て、迷うことなく目的地に到着。駐車位置や入館方法といった情報も共有できるので、初心者であってもスムーズに作業を進めることが可能です。道を間違えたときや急遽再配達の予定が入った場合も、すぐに再度ルーティング（リルーティング）してくれるそうで、そこもドライバーにとっては嬉しいポイントだといいます。

「リルーティングはベテランでも難しい作業です。運転中は運転だけに集中することが第一なので、リルーティングの自動化は大きなメリットだと思います。そのほか、死角が生まれやすい右折を極力減らしたルート設定ができるなど、安全面に配慮したルーティングも可能です」と高橋さん。

SmaRyuポスト

STEP1

その日に配送する荷物のバーコードやQRコードをスキャンします。

STEP2

最適なルートが自動作成されるので、初めて担当する地域でも安心。

STEP3

荷姿を登録しておくと、配達先に到着した際、荷物を探すのが簡単です。

STEP4

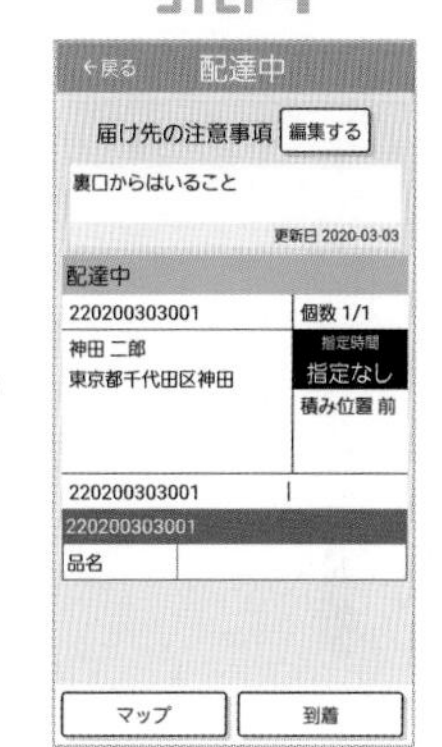

注意事項を共有できるので、クレームの減少にもつながります。

STEP5

配達状況を視覚的に表示。時間指定などの情報も再確認できます。

STEP6

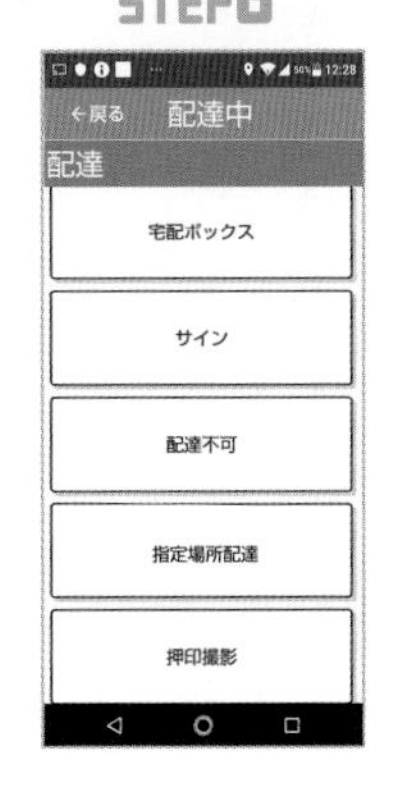

ペーパーレスの電子サインに対応していて、環境にも配慮。また置き配時には配達した証明として写真撮影も可能です。

システム導入で現場に大きな変化

「SmaRyuポスト」を導入した現場をみてみると、配送準備の時間が半分になり、労働時間の短縮、もしくは導入前と同じ時間で、より多くの荷物を配送することが可能に。ドライバーの生産性アップに加え、商品がより早く手に入ることから、消費者である私たちの生活も豊かにしてくれるのが「SmaRyuポスト」です。

「現場の様子が目に見えて変わると嬉しいですね。私はもともとゲームが好きだったことからプログラミングに興味を持ち、エンジニアになりました。開発したシステムが人の役に立ち、そして物流業界に変化をもたらしていることに大きなやりがいを感じます」と徳盛さん。

「物流業界は今後も変化を続けていくことでしょう。CBcloudもラストワンマイルに限らず、ほかの段階に活用できるシステムを開発していく予定です。様々な可能性を感じられる、そこが物流のおもしろさです。なにか商品を購入した際は、どのように作られたのか、どんなルートをたどってきたのか、想像してみてください。様々なことに疑問を持つ姿勢は、きっとみなさんを成長させてくれると思います」（高橋さん）

おわりに

私たちの日常を支える物流の裏側をのぞいてみて、いかがでしたか？

現在使われている物流テックは、ここで紹介したロボットやシステム以外にももちろんあり、さらには人工知能（AI）の導入も進められているなど、多種多様です。

どのような時代にあっても、物流が生活に不可欠なのは変わりません。だからこそ、中学生のみなさんには物流業界、そしてそこで働く方々について考えてみてほしいと思います。

今回取材をしたGROUND、CBcloudの方々は、「使う人の立場で考える」「人の役に立つ」という視点を大切にされていました。今後もその視点から、新たな物流テックが誕生し、進化していくことでしょう。楽しみですね。

Special School Selection

東京都　世田谷区　男子校

筑波大学附属駒場高等学校

School data

所在地：東京都世田谷区池尻4-7-1
アクセス：京王井の頭線「駒場東大前駅」徒歩7分、東急田園都市線「池尻大橋駅」徒歩15分
生徒数：男子のみ489名
ＴＥＬ：03-3411-8521
ＵＲＬ：https://www.komaba-s.tsukuba.ac.jp

- 3学期制
- 週５日制（隔週で土曜授業あり）
- 月～金６時限、土４時限
- 50分授業
- １学年４クラス
- １クラス40名

「挑戦・創造・貢献」の精神を持ち 楽しく学び大きく成長する

筑波大学附属駒場高等学校は、水田学習をはじめ、多彩な学びの数々を実施しています。生徒は高めあえる仲間とともに、色々なことに挑戦し、自らが思い描く未来に向かって力強く歩んでいます。

学校目標を胸に 高校生活を送る

毎年、全国屈指の大学合格実績を誇る筑波大学附属駒場高等学校（以下、筑波大附属駒場）。学業ばかりに力を入れる、とイメージされる方もいるかもしれませんが、同校の生徒は学業、行事、クラブ活動のすべてに全力で取り組んでいます。

そうした高校生活を送ることが、生徒の心と身体を発達させ「全面的な人格形成」を促すとされているのです。そして、その土台があるからこそ、個々の個性や能力を伸ばすことができると考えられています。

学校目標には「自由・闊達の校風のもと、挑戦し、創造し、貢献する生き方をめざす」と掲げられています。「自由・闊達」、そして「挑戦・創造・貢献」は、筑波大附属駒場の教育を語るうえで欠かせないキーワードです。

「学校目標は、ときに形式的なものになってしまう場合もあるかもしれません。しかし、本校にはそれを具現化できる生徒が集まっているのを感じます。今後入学してくる生徒にも、この学校目標をつねに意識した高校生活を送ってほ

北村 豊 校長先生

しいですね」と北村豊校長先生は話されます。

充実した環境のなか連絡生とともに学ぶ

筑波大附属駒場は都心にあり、最寄りの駅からも徒歩7分と、通学に便利な立地です。コンピュータスペースやプール、トレーニング室、温室・畑など、充実した施設がそろっています。さらに現在、2017年に迎えた創立70周年を記念して、70周年記念会館も建設中です。コロナ禍で工事が遅れていましたが、2023年3月に完成します。学年集会や授業などで使用可能な、160人を収容できる多目的ホールを備えた施設となる予定です。

なお、同じ敷地に附属の中学校もあります。連絡生と呼ばれる附属中学校から進学してくる生徒は120名、一方高校からの入学生は40名です。高1では連絡生30名、高入生10名でクラスが編成され、毎年クラス替えも行われるので、自然と交流が生まれ垣根はなくなっていくといいます。

また、入学直後には連絡生が高入生を連れて水田（後述）や校内の施設を案内するなど、新しい仲間を歓迎する和気あいあいとした雰囲気があるので安心です。

高入生を受け入れることは学校に新たな風をもたらす、とても意義のあることだと筑波大附属駒場では考えられています。連絡生は高校受験を経験した高入生の圧倒的な知識量に驚き、高入生は中学時代に探究力などを身につけている連絡生と触れあうことで、学力とは知識のみを養うことではないと感じるそうです。両者が机を並べることで、互いがさらに成長できる「気づき」が生まれています。

授業の雰囲気は、校風と同じく「自由・闊達」。教員が一方的に知識を伝えるだけでなく、生徒も発言しやすい雰囲気があり、教員と生徒がいっしょになって授業を作り上げています。

1人ひとりが臆することなく意

授業の様子（生物）

水田学習

高１全員が参加する水田学習。収穫したもち米でもちつきをしたり、赤飯にして入学式や卒業式で配ったりします。

見を発信できる環境に加え、周りのクラスメイトも仲間の意見に関心を持ち、よく耳を傾けるそうです。しかし、一方的に話すだけでは内容を理解してもらえません。どのように伝えれば相手に理解してもらえるかを試行錯誤することで、自らの考えが深まり、さらにコミュニケーション力もアップしていきます。また、そのなかで、それぞれのアイデンティティーが確立されていき、個性をさらに伸ばすことができています。

「先生方は、オリジナルの教材を手作りし、生徒の知的好奇心に応えています。校長室にいても、授業中の生徒の『おおー！』という歓声や拍手の音が聞こえてくるんです。日々楽しく学んでいることがわかり、校長として嬉しい限りです」（北村校長先生）

水田学習をはじめとする多彩な学びの数々

前述したように、筑波大附属駒場は、水田を所有しています。こ

研究活動(SSH)

SSH指定校の取り組みとして研究活動を行っています。三宅島でのひとコマです。

の「ケルネル田んぼ」※で行われるのが水田学習(高1)です。田植え、稲刈り、脱穀などの米作りを1年間かけて体験します。

「水田学習は創立以来続けられているもので、筑波大附属駒場生全員が取り組みます。水田学習という共通の体験で、どの先輩ともつながっている、それはとてもすばらしいことだと思います。これから入学してくるみなさんにも、大切に受け継いでいってほしい取り組みです」(北村校長先生)

もう1つの特徴的な学びとして「課題研究」もあげられます。

毎年、複数の教員が自らの専門性を活かして講座を用意し、その内容を生徒にプレゼンテーションします。その説明を聞いたうえで、生徒はいずれかを選び、ゼミ形式で研究を深めていくのです。

多彩な講座のなかから、ここでは、インクルーシブ教育にまつわるものを紹介しましょう。インクルーシブ教育とは、障がいを持つ生徒、持たない生徒がともに学ぶ教育の形です。例年、系列の特別支援学校の教員から話を聞き、障がいを持つ方々のことを理解したうえで、「ともに生きる」ことを真剣に考えていきます。さらに、2021年度は東京でパラリンピックが開催されたことから、選手を迎えるために、成田空港でどのような準備・対応が行われたかについて、外部団体による講演会も開かれました。

なお、筑波大附属駒場は、2002年度からスーパーサイエンスハイスクール(SSH)に指定されており、その一環としても研究活動を実施しています。

これらの研究成果は、台中市立台中第一高級中学(台湾)との交流で発表しており、ここでも自分の考えを人に伝えるアウトプットの力を磨いています。海外訪問が難しい現在も、オンライン上で交流を続けているそうです。

そのほか、筑波大学の研究室訪

※明治時代の初め、同校の前身である駒場農学校で近代農法を伝えていた、オスカー・ケルネル氏の名を由来とする

国際交流では、異文化交流にとどまらず、授業に参加したり、研究発表を行ったりします。

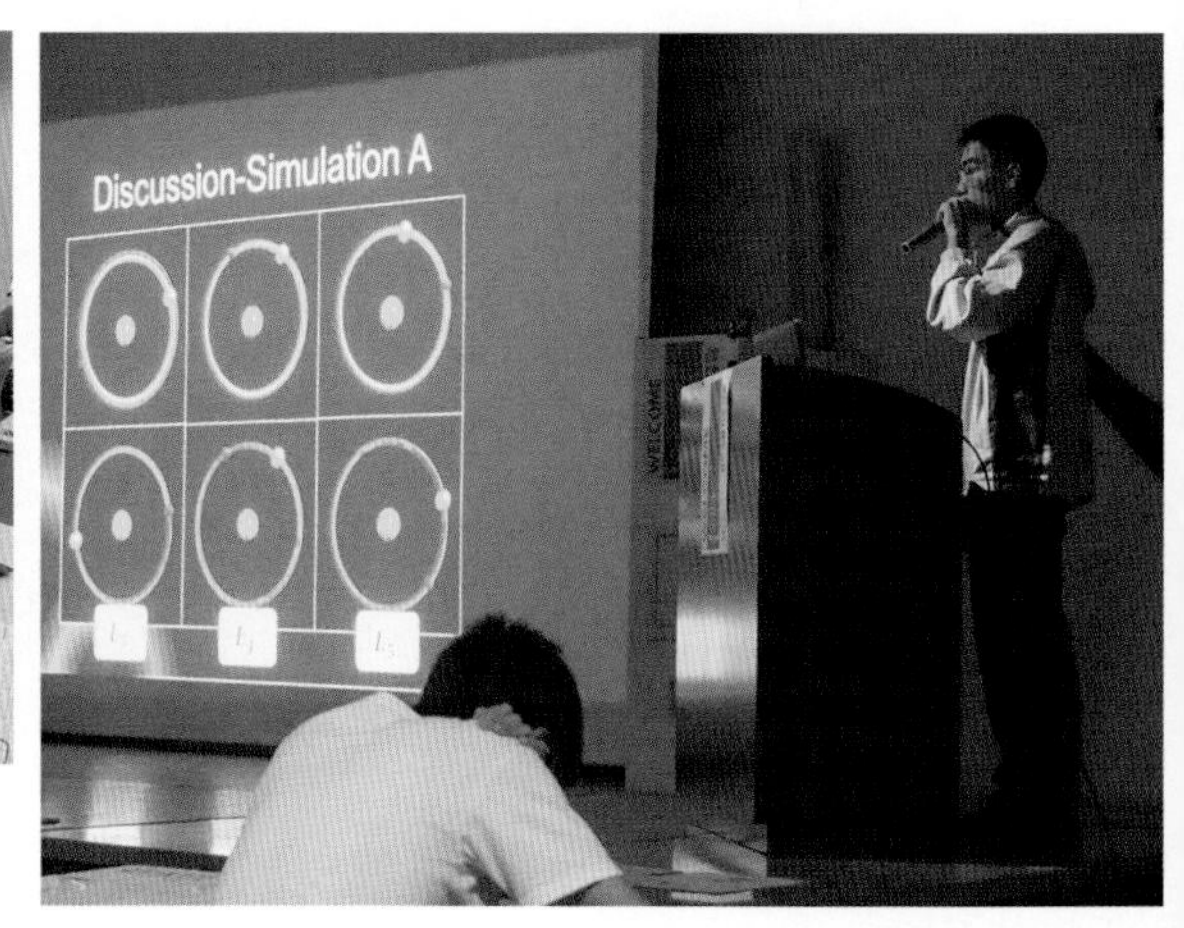

問や東京医科歯科大学との連携プログラム、地域の方々に様々な講座を開く「筑駒アカデメイア」をはじめとした地域貢献活動など、筑波大附属駒場には、数多くの取り組みが用意されています。

行事・クラブ活動に打ち込み多様な力を身につける

続いて、行事やクラブ活動についてもお伝えしましょう。

行事は、コロナ禍で実施が難しい側面もありますが、例えば文化祭は、生徒の発案によってQRコードで入退場者を管理するなど、工夫しながら開催しています。

仲間と1つのものを作り上げる行事は、みんなを引っ張るリーダーの存在が重要だと思われがちです。しかし同校では個々の立場で、企画、運営に貢献することも大切だと考えられています。両方の立場を経験することで、企画力や協調性、やり抜く力など、多様な力を身につけていきます。

クラブ活動においては、農芸部

地域貢献活動

地域貢献の一環として、高校化学部による小学生対象の実験教室なども実施されています。

筑波大附属駒場生は行事にも一生懸命。様々なことに全力で取り組む姿勢は受験勉強でも大いに活かされます。

文化祭

体育祭

や語学部、音楽部、水泳部、ハンドボール部など多くの部があり、大会にも積極的に挑戦しています。また、折り紙研究会や筑駒Jugglers（ジャグリング）といった同好会の活動も活発です。

卒業生に刺激を受けつつ自らの力で道を切り開く

ここまでみてきたような多彩なプログラムに並行して取り組むなかで、生徒は、どうしたら効率よく時間を使えるかといったタイムマネジメントの力も身につけていきます。この力は、受験勉強を進めるうえでも、重要なものであるといえるでしょう。

筑波大附属駒場生は、定期考査や、教員が作成する校内模試ともいえる特別考査（高2・高3）で自らの学力を把握し、進路懇談会（高2）や進学懇談会（高3）を通じて10年後、20年後の将来に思いをめぐらせます。

「進路・進学懇談会は卒業生が協力してくれます。現在はオンライン形式で実施していて、前回はアメリカで働く卒業生が講演をしてくれました」と北村校長先生。

近年の大学合格実績の特徴としては、海外大学進学が徐々に増えていることがあげられます。なかには海外大学進学に必要な知識や学び方について自ら講演を行うことを申し出る卒業生もいるそうです。先輩の姿に刺激を受け、後輩もより広い視野で将来を考えるようになるのでしょう。

学校が敷いたレールの上を歩むのではなく、1人ひとりが「挑戦・創造・貢献」の精神を大切に、自らの力で道を切り開いていく、それが筑波大附属駒場生の姿です。好奇心や向上心を持った生徒にぴったりの学校といえるでしょう。

「学ぶことに対して熱意がある生徒さんを待っています。そして身につけた力を使って社会に貢献したいという強い思いを持ってください。そうすれば本校で大きく成長できるはずです。高めあえる仲間と楽しく学び、行事やクラブ活動にも存分に打ち込む高校生活を送りましょう」（北村校長先生）

クラブ活動

クラブ活動も自らの持つ個性や能力を伸ばせる、大切な取り組みの1つです。

折り紙研究会・作品

筑駒 Jugglers（ジャグリング）

■2021年3月　大学合格実績抜粋（ ）内は既卒

国公立大学		私立大学	
大学名	合格者数	大学名	合格者数
北海道大	2（2）	早稲田大	59（24）
東北大	2（1）	慶應義塾大	79（29）
千葉大	4（2）	上智大	9（5）
東京大	89（19）	東京理科大	16（8）
東京医科歯科大	11（5）	学習院大	1（0）
東京学芸大	1（1）	青山学院大	3（2）
東京工業大	1（1）	中央大	3（3）
一橋大	3（1）	法政大	1（0）
京都大	1（1）	明治大	8（7）

社会で活躍する卒業生から話を聞き、自分のめざす道を見つけていきます。

写真提供：筑波大学附属駒場高等学校　※写真は過年度のものを含みます。

私立高校 WATCHING

千葉 千葉市 共学校

昭和学院秀英高等学校

３つの教育の柱で 次世代を担う人材を育成

昭和学院秀英高等学校では、「質の高い授業」「きめ細やかな進路指導」「豊かな心の育成」を教育方針として掲げ、教員一丸となって生徒の可能性を引き出しています。

鈴木 政男 校長先生

所在地：千葉県千葉市美浜区若葉1-2　アクセス：JR京葉線「海浜幕張駅」徒歩10分、JR総武線「幕張駅」・京成千葉線「京成幕張駅」徒歩15分　生徒数：男子405名、女子380名　TEL：043-272-2481　URL：https://www.showa-shuei.ed.jp/

⇨３学期制　⇨週６日制　⇨月～金６時限、土４時限　⇨50分授業
⇨高１は８クラス、高２・高３は９～10クラス　⇨1クラス30人～40人

大切にされるのは 明朗謙虚・勤勉向上の精神

千葉県有数の都市として、商業施設や宿泊施設、スポーツ施設など、様々な施設が集結する幕張新都心。そのなかで中学・高校・大学、研究施設が建ち並ぶ文教地区の一角に、昭和学院秀英高等学校（以下、昭和秀英）はあります。

つねに時代に応じた教育を実践してきた同校は、2022年4月からBYOD※1を導入することで、ICT機器を活用した学びを充実させ、大学入学共通テスト（以下、共通テスト）で課される「情報」に関する教育にも力を入れていくといいます。

また、ときを同じくして千葉県の学校は、アドミッションポリシー（求める生徒像）、カリキュラムポリシー（教育方針）、グラデュエーションポリシー（卒業にあたり身につけてほしい力）をまとめて「スクールポリシー」として明示することになっており、昭和秀英でも4月の公開に向けて、準備が進められています。

鈴木政男校長先生は、「校訓に掲げる『明朗謙虚』『勤勉向上』を現代の言葉に言い換えると、明るく前向きに、より高みをめざして努力を続けていこう、という意味になります。また、『謙虚』という言葉があるように、自分1人で突っ走るのではなく、周りの人の言葉に耳を傾けて、周囲と協調しながら物事に取り組んでほしいという願いも込めています。

こうした校訓に込められた思いを大切にしながらスクールポリシーを策定し、世界で活躍できる人材を育成していきたいです」と話されます。

広々とした人工芝のグラウンド

なお、高校から入学する高入生は、併設の昭和学院秀英中学校から進学してくる内進生とは高1の段階では別々で学び、高2もしくは高3で両者が合流します。

「もっと」の気持ちを促す 質の高い授業を実施

毎年、多くの卒業生を難関大学へ送り出す昭和秀英では、教育の3本柱として、「質の高い授業」「きめ細やかな進路指導」「豊かな心の育成」の3つを据えています。ここからは、それらを1つひとつご紹介していきます。

まずは「質の高い授業」についてです。学力別クラスは設けず、全員が特進クラスで学ぶ意識で、どの教科でも「もっと学びたくなる、受けたくなる『質の高い授業』」を実践する昭和秀英。

例えば国語では、一方的に知識を教え込むのではなく、教員から問いを投げかけ、それについて生徒が深く考えたことを発表するという「考える力」を鍛える授業を実施。また、予習を前提とする英語の授業では、教員が発した問いに対して順番に解答していく、つまり必ず全員に発言の機会を与え、もれなく全員の英語力を伸ばすなど、各教科の授業では色々な工夫がみられます。

「本校の教員は外部の研究会に積極的に出席して知見を広げるとともに、校内でも教科ごとに『東京大学問題分析会』や『東京工業大学問題分析会』などを開き、入試問題分析にも力を注いでいます。

それらを通して得たことを活かし、各教科とも生徒の知的好奇心を刺激する授業を展開してくれています。大学の入試問題を解説する際も、1つの解き方のみを紹介するのではなく、異なる視点からの解き方も提示することで、『問題を解く楽しさ・おもしろさ』を知ってほしいと、研鑽を続けています」（鈴木校長先生）

※1「Bring Your Own Device」の略称。個人が所有するパソコン・タブレットなどの端末を持ち込んで活用すること。

1人ひとりと向きあう進路指導が魅力

続いて「きめ細やかな進路指導」について伺うと、「将来なにをしたいのか、それをするためにどの大学に進めばいいのか、個別面談でじっくり話しあっています」と話す鈴木校長先生。大学名だけにとらわれることなく、大学の先にある「夢」を見つけ、その「夢」を実現できるようにと、1人ひとりにとことん向きあう進路指導を行っているのです。

「とくに高3では何度も面談を繰り返して、生徒の気持ちに寄り添いながら受験校を絞り込んでいきます。大学受験に向けた計画表作りも手伝いますし、とにかく丁寧に生徒をみています。

面談では模試の結果も活用しています。各学年、年に複数回模試を設定していて、その都度教員が結果を分析、分析会で経年比較や他校との比較をしつつ、生徒へのアドバイスに役立てています」と鈴木校長先生は話されます。

そして、朝や放課後にほぼ毎日行われる「補習」や、夏・冬・春の長期休暇中に開かれる「講習」が充実しているのも魅力です。補習は弱点を補強するもののみならず、発展的な問題を扱うもの、希望進路に応じた演習を行うものなど幅広く展開されており、講習も科目別・難易度別に様々なものが用意されています。どちらもそれぞれ自分が受けたい講座を選んで参加できます。

「例えば２０２１年の高3対象の夏期講習は、基礎的な講座から、『東大地理』『千葉大対策』『医療ワークショップ』などのターゲットを絞った講座まで、70以上の幅広い内容で実施しました。

また、長期休暇中の講習に加え、高3希望者対象の直前講習（共通テスト対策）を行っているのも特徴です。冬休み開けから共通テストまでの期間は本来、自宅での自習期間となりますが、できる限り生徒を支えたいという思いで始めました。こうしたサポートも『きめ細やかな進路指導』の1つです」（鈴木校長先生）

もちろん、個別の課題添削にも丁寧に対応しています。職員室の前にはホワイトボードを備えた質問コーナーがあり、朝・昼休み・放課後と、つねに複数の生徒が質問をしているのだといいます。

各種ガイダンスも充実しており、なかでも好評なのが、3月下旬に開催する「最速合格者座談会」です。

学習風景

教員や卒業生が親身に寄り添ってくれるのも大きな魅力です。自習に活用する生徒も多い図書館は、蔵書5万冊を誇ります。

1. 職員室前の質問コーナー　2. 図書館での自習風景　3・4. 進路座談会

その名の通り、卒業したばかりのOB・OGを囲んで行う座談会で、個別の相談にも応じてくれます。卒業生といえば、彼らがどんな勉強をして、どんな進路をかなえたのか、各データや合格体験記をまとめた『進路の手引き』も虎の巻として活用されています。

豊かな心や国際的視野も養成

最後に「豊かな心の育成」についてです。例年、福祉活動や清掃活動をはじめとする多様な取り組みを実践するとともに、文化講演会や芸術鑑賞教室を開催することで、豊かな心を養っています。

豊かな心は行事や部活動を通しても育まれており、コロナ禍でも文化祭をオンラインで実施するなど、「明朗謙虚」の精神で明るく前向きに学校生活を送る生徒が多くいるのも魅力です。

そして近年、グローバルな視点を養うことにも力を入れており、数年前に「エンパワーメントプログラム」（高1・高2希望者）を導入。在校生5人と外部から招いた留学生1人が6人1組となってディスカッションなどを行うもので、コロナ禍で「アメリカ・ボストン・NASA研修」「英国大学キャンパスプログラム」といった海外研修が実施できない状況のなか、唯一できる国際交流プログラムとして人気を博しています。

さらに2022年度からは、外国人の外部講師によりグローバルに活躍できる人材育成をめざす「グローバルコンピテンスプログラム」がスタート。対象は高1・高2で、年に約30時間行う予定です。

このように新たな取り組みも始まり、今後が楽しみな昭和秀英。

「本校では様々な取り組みによって、Society 5.0[※2] に対応できる力を養っていきたいと考えています。コロナ禍で受験勉強をするのは本当に大変だと思いますが、私たち教員も在校生も、みなさんの入学を心待ちにしています。ぜひ来年本校に入学してくれると嬉しいです」（鈴木校長先生）

様々な行事

2021年度はオンラインで行われた雄飛祭（文化祭）。そのほか例年であれば多様な行事が開催されています。

5.オンライン雄飛祭（文化祭） 6.体育祭 7.エンパワーメントプログラム 8.アメリカ・ボストン・NASA研修 9.英国大学キャンパスプログラム

写真提供：昭和学院秀英高等学校　※写真は過年度のものも含みます。

■2021年3月卒業生　大学合格実績抜粋（ ）内は既卒

国公立大学		私立大学	
大学名	合格者数	大学名	合格者数
北海道大	4（2）	早稲田大	79（14）
東北大	11（2）	慶應義塾大	48（15）
筑波大	1（0）	上智大	39（3）
東京大	4（2）	東京理科大	93（20）
東京外語大	3（0）	青山学院大	29（2）
東京工業大	6（1）	中央大	47（7）
お茶の水女子大	3（0）	法政大	73（8）
一橋大	8（1）	明治大	97（12）
千葉大	30（3）	立教大	66（0）
横浜国立大	4（1）	国際基督教大	1（0）
大阪大	1（0）	学習院大	19（1）

※2　情報社会（Society 4.0）をバージョンアップした、人がいきいきと暮らせる未来の「超スマート社会」のこと。

埼玉県立 川越女子高等学校（女子校）

何事にも主体的に向きあう「川女魂」を受け継いでいく

「学力の向上」と「人格の陶冶」を教育の柱とし、数々の特色ある教育を実施する埼玉県立川越女子高等学校。学んだことを社会に活かせる、自律した人材の育成をめざしています。

創立100年を超える歴史ある名門女子校

埼玉県立川越女子高等学校（以下、川越女子）は、1906年に設立された川越町立川越高等女学校を前身とします。

教育の柱は「学力の向上」と「人格の陶冶」の2つです。教育の特色としては「伝統と革新」「自主・自律の精神に満ちた、自立した人間の育成」「学習と特別活動の両立」を掲げています。

桑原浩校長先生は「本校の特徴は、ただ学力を向上させるだけでなく、人間的にも成長できるという点です。進学校として、難関大学に進学するための学習も大切にしていますが、それは本校の学びの一面に過ぎません。

私が生徒たちによく話していることの1つに、渋沢栄一が唱えた『道徳経済合一説』があります。これは、利益を追求する経済と、社会貢献や公益を重視する道徳を並行して実現するべき、というものです。

この考え方から着想を得て、生徒たちには、学んだことを自分のために活かすと同時に、それを社会に還元してもらいたいと伝えています。その姿勢こそが本当のエリートであり、本校の生徒にめざしてほしい姿です」と話されます。

川越女子ではすべての教科で質の高い授業を行うため、特徴的なカリキュラムが組まれています。2学期制を導入して授業時数を確保するほか、授業は1コマ65分と長めに設定。学習と課外活動の両立が意識されています。

「65分授業のキーワードは『量は

所在地：埼玉県川越市六軒町1-23
アクセス：東武東上線「川越市駅」徒歩5分、西武新宿線「本川越駅」徒歩8分
生徒数：女子のみ1078名
TEL：049-222-3511
URL：https://kawagoejoshi-h.spec.ed.jp/

- 2学期制
- 週5日制（隔週で土曜授業あり）
- 月～金5時限、土曜3時限
- 65分授業
- 1学年9クラス
- 1クラス約40名

1・3倍、質は2倍』です。教員たちに聞くと、一般的な50分授業に比べて、2コマ分の授業を準備するような感覚なのだそうです。時間に余裕があることでペアワークなどを積極的に取り入れることができ、生徒主体の授業を実施することが可能となっています」（桑原校長先生）

また、高2までは文系・理系に分かれず、芸術系など一部の選択科目を除いて全員が共通履修です。高3から希望進路によってA類型（文系）とB類型（理系）に分かれ、豊富な選択科目から各生徒が必要なものを選んで学びます。

授業外での学習サポートも充実しており、高1・高2は授業内容の定着を目的とした補習を長期休暇中に各教科で実施。高2・高3では大学入試に対応した進学課外講座も行われています。平日の早朝や放課後を利用した補習、年間を通して開講される講座も用意されています。

桑原（くわはら） 浩（ひろし） 校長先生

加えて、川越女子の伝統となっているのが、自習への取り組み方です。朝や放課後の時間を使って、自習室や廊下に用意された机で自習する生徒の姿が多くみられます。それは教員にすすめられてのことではなく、先輩がそこで自習する姿を見て、後輩が自主的に勉強するようになるのだそうです。

SSH教育がさらに進化 英語教育にも新たな取り組み

スーパーサイエンスハイスクール（SSH）の3期目の指定を受けており、高1では学年全員が「SS情報数理」の授業内で課題探究を行うほか、科学者による出張授業や大学・博物館等でのサイエンスツアーなど、魅力的なプログラムを多数実施してきました。

[学校生活] ①ペアワークや②実験を重視し、③プロジェクターを使用するなど質の高い授業を展開。④図書館や廊下で積極的に自習する姿勢も伝統になっています。

［行事］ SSH事業の一環である①英語プレゼンテーション講座や、②エンパワーメントプログラムなど国際的な視野を育む行事も豊富。文化祭である「紫苑祭」(③ファッションショー④クラス企画⑤書道部⑥華道部による展示)も生徒が中心となって盛り上げます。

2022年度以降は、4期目の指定を待ってカリキュラムを改良していく予定だといいます。桑原校長先生は「いままでの実績をふまえて、さらに内容を発展させていきたいと考えています。幅広く科学的な知識を持ったジェネラリストだけでなく、課題探究などを通して科学的思考力を身につけたスペシャリストを育成するのが狙いです。

1学年9クラス中、1クラスをSSHクラスとして設置しますが、普通クラスの生徒といっしょに参加できる講演会や見学会なども開催できるよう準備しています」と説明されます。

一方、英語教育においては、ALTが日本人教員とともに授業を担当するなど、4技能習得のための環境が整っています。そのほか国際的な視野を育むプログラムも多数実施しています。

「とくに、2年前から導入したエンパワーメントプログラムは生徒から大きな反響がありました。日本に来ている留学生とグループ学習を行うもので、語学力はもちろん異文化への理解度も高まります。色々な国や地域からの留学生に来てもらうので、多様性が実感でき、刺激を受けたようです」(桑原校長先生)

新聞を通して社会を意識 丁寧な進路指導も魅力

川越女子が大切にしている取り組みにはNIE(Newspaper In Education)もあります。朝日・毎日・読売・産経・日本経済の新聞5紙を全クラスに配付し、多様な考え方に触れる取り組みです。

「生徒たちは必要に応じて新聞の切り抜きをスクラップしたり、その内容をホームルームで話しあったりしています。教科によっては授業のテーマとして扱うこともあります。新聞各紙にはそれぞれ特徴があるので、その違いや共通点を探ることで、世の中を多面的に見る力も育んでいます。

そんな取り組みが評価され、2

021年の『第12回いっしょに読もう！　新聞コンクール』では優秀学校賞を受賞しました」（桑原校長先生）

こうしたプログラムと並行して、進路指導も3年間を通して計画的に進められます。自分がめざしている職業で実際に働いている人の話を聞き、レポートを作成する職業研究のほか、興味のある学部・学科について調べて目標を明確にする学部学科研究など、自らの関心に向きあう取り組みが豊富です。

また、教員が問題を作成する「校内実力テスト」が、定期テストとは別に実施されているのも特徴です。外部模試などの成績と合わせて一元管理し、卒業生のデータを参考にしながら、進路相談が繰り返し行われています。卒業生による大学受験説明会や難関大学対策の機会も用意され、生徒の目標達成を手厚く支援しています。

新型コロナウイルス感染拡大を受けて、早期から対策に取り組んできた点も注目すべきポイントです。教員が立ち上げたICTワーキンググループを中心に、どの教科でもオンライン授業が実施できる体制を整えました。

学習・行事・部活動にも「川女魂」で取り組む

行事や部活動においても、従来の形式での活動は難しいものの、生徒たちが様々な工夫をして実施しています。

桑原校長先生は「冒頭で述べた本校の教育の特色である『自主・自律の精神』と『自立した人間の育成』は、いままで生徒たちが脈々と受け継いできた『川女魂（かわじょだましい）』に表れています。

生徒は自分に足りない部分やもっと伸ばしたい部分を自身で分析し、解決策を考えて実行に移します。学習や行事、部活動など学校生活全般にわたってそうした姿勢が根づいているのです。

後輩はそんな先輩の様子をみて、自らも『川女魂』を身につけていきます。コロナ禍でもできることを見つけて、やり方を変えながら色々なことにチャレンジしています」と話されます。

そして、同校を志望する生徒さんに向けて「この学校で『Have desire to learn（学びに貪欲であれ）』『Be modest for anybody（常に謙虚であれ）』をモットーに、3年間という貴重な時間を有意義に過ごしてほしいと思っています。

学んだ知識・技能を社会で活かしていきたいという生徒さんを待っています」と語られました。

［施設］部活動などで使用される旧校舎①明治記念館では、②校名入りのガラスが建設当時から使用されています。

写真提供：埼玉県立川越女子高等学校　※写真は過年度のものを含みます。

■2021年3月卒業生　大学合格実績抜粋（　）内は既卒

国公立大学		私立大学	
大学名	合格者	大学名	合格者
北海道大	2（0）	早稲田大	48（6）
東北大	3（2）	慶應義塾大	4（0）
筑波大	1（0）	上智大	15（2）
東京大	1（1）	東京理科大	28（12）
東京医科歯科大	3（0）	青山学院大	18（2）
一橋大	1（0）	中央大	33（2）
お茶の水女子	8（1）	法政大	66（6）
東京学芸大	9（1）	明治大	75（6）
東京農工大	4（2）	立教大	85（6）
埼玉大	25（2）	学習院大	19（0）
名古屋大	1（0）	国際基督教大	2（0）

富士見丘高等学校

模擬国連部

「リーダーズ」を中心に生徒主体で活動する

グローバルな課題の解決策について話しあう富士見丘の模擬国連部。部のまとめ役である「リーダーズ」を中心に活動し、英語力やスピーチ力など様々な力を伸ばしています。

School information〈女子校〉
所在地：東京都渋谷区笹塚3-19-9　アクセス：京王線「笹塚駅」徒歩５分
TEL：03-3376-1481　URL：https://www.fujimigaoka.ac.jp

事前に情報収集を行い説得力のある発言を構築する

近年、豊かな国際感覚とリーダーシップを育む取り組みとして注目されている模擬国連。今回は富士見丘高等学校（以下、富士見丘）の模擬国連部で部長を務めるS・Sさんに、部の活動内容や魅力を伺いました。

模擬国連とは1人または2人で1カ国の大使になりきり、国連を模した会議を行う活動です。議題は世界共通の社会問題とそれに関連する各国の問題の2つがあります。模擬国連の参加者はまず、会議前に担当国の問題を解決する案を考えます。

例えば議題が「難民問題」だった場合、難民として国外で暮らす国民が多い国は、他国に難民への様々な支援を要請するなどの方法を考案します。反対に、難民を受け入れる立場の国では難民の人々が安全に過ごせるよう策を講じたり、新たな定住場所を提供するといった案を練ったりします。

考えた案は会議で1分から1分半のスピーチで提案します。そのあと、意見が近い他国と「ブロック」というグループを作り、世界規模で問題の解決策を話しあいます。

模擬国連についてS・Sさんは「ほかにも議題に取り上げられる問題には『水資源の問題』や『サイバーテロの問題』などがあります。模擬国連を行うときのポイントは、説得力のある発言をして、ほかの意見を持った国から支持を得ることです。そのためには会議前に担当国の内情だけでなく、議題の問題が起きている原因についても情報収集し、きちんと理解しておくことが大切になります。ところが、国によっては日本語のサイトではあまり情報が得られない場合もあります。そうしたときでも、英語のサイトのなかから信憑性のある情報を探すリサーチ力も必要です」と話します。

英語力だけでなく 交渉力も身につく

富士見丘の模擬国連部は附属している中学校の生徒といっしょに週に1回活動しています。おもな活動内容は、年に数回開催される大会に向けてオールイングリッシュで模擬国連のシミュレーションをすることです。例年は長期休暇中に合宿も実施します。

部の特徴として、英語教育に力を入れている富士見丘のなかでも帰国生など英語が得意な部員が多いことがあげられます。一方、S・Sさんのように高校から入部して英語力向上をめざす生徒も少なくありません。S・Sさんは入部した当時を振り返りながら以下のように話します。

「私がこの部に入った理由は2つあります。1つは、富士見丘中学校で3年の間に身についた英語力を試してみたかったからです。入部してから、とくに英語で話す力を伸ばせたと感じています。もう1つは、部の活動を通して交渉力を養いたいと考えたからです。模擬国連はほかの人の意見を取り入れながら自分の意見を伝えることも大切なので、そうした力も養えます。

富士見丘では実践的な英語教育の一環として、授業で英語でのプレゼンテーションなどをする機会が多くあります。そうしたときに部の顧問の先生に指摘していただいたことや、模擬国連でスピーチをした経験が活かせていると思います。英語が苦手でも入部すればだんだん克服できるので、おすすめの部です」

さらに、部長・副部長・リーダーを務める高2の部員3人が「リーダーズ」という部のまとめ役を務め、生徒主導で活動していることも特徴の1つです。「リーダーズ」は休み時間や学校が休みの日に活動内容について打ちあわせを行い、顧問の教員にアドバイスをもらいながらシミュレーションの議題や国、部員それぞれの担当などを決めています。

S・Sさんは「リーダーズ」について「『リーダーズ』が主体となっ

活動風景

普段の活動は「リーダーズ」が中心となって行います。「リーダーズ」は前年の活動の様子を鑑みて、顧問が指名します。

顧問はネイティブ教員と日本人教員の2人体制です。部では模擬国連のスピーチの原稿や解決策を記載するシートなどをすべて英語で書き、顧問に提出してチェックしてもらいます。

2019年、長野県で3日間行った合宿では、新入部員もほかの部員といっしょになって、秋の大会に向けて英語力やスピーチ力などを磨きました。

オンラインでのシミュレーションの様子。発言者（画面中央）は担当国の国旗を背景に設えます。また、ほかの国（画面上部）も含め、参加者は画面の中央に顔が映るように意識することで表情がわかりやすいよう工夫しています。

「第6回ジャパンメトロポリタン模擬国連（JMMUN 2021）」では多くの部員が入賞しました。

画像提供：富士見丘高等学校　※写真は過年度のものを含みます。

て部を引っ張り、次の代に指導のノウハウを伝える体制がしっかりとできていることも、この部のよさだと感じています。私も入部したてのころ、先輩方に優しく教えていただいたことで、やる気が湧いて活動に打ち込むことができました。自分が指導する立場になってからは、説明する内容をまとめたパワーポイントを事前に準備して活動の段取りをよくしたり、ほかの部員の前で自信を持って発言できるように意識したりしています」と説明しました。

ほかの人の長所を見つけて次につなげていく

部員は毎年「ジャパンメトロポリタン模擬国連大会」（JMMUN）と「全国高校教育模擬国連大会」（AJEMU）という大会に参加します。会議の細かなルールは大会によって異なりますが、いずれも会議中の発言、立案などが総合的に評価され、より優れている個人またはペアに賞が授与されます。なお、模擬国連は基本的に英語で行われますが、日本語で行われる初級向けの大会も開催されています。S・Sさんは大会について、日々の成果を披露するだけでなく、自分の力をさらに高める機会にもなるといいます。

「大会では私よりも知識量やスピーチ力のある参加者がたくさんいて、悔しい思いをすることもあります。しかし、そうした人たちの存在が刺激となって、その後はもっとニュースや本を読んで知識を深めたり、難しい言葉も英語で言えるようにしたりと、次につなげる経験にしています」（S・Sさん）

また、普段の模擬国連の大会は対面で行われますが、２０２０年からコロナ禍の影響でオンラインでも開催されるようになりました。オンラインの大会は普段行われている対面での大会と雰囲気が異なるそうで、いつもは積極的に発言する部員でさえ、初めは緊張でなかなか話せなかったといいます。そこで、模擬国連部ではオンラインでの部内シミュレーションを行い、新しい大会様式に慣れるための練習もしています。

活動を通して、英語で自分の意見を伝える力が養える富士見丘の模擬国連部。加えて、様々な国について知的探求心も深められる部です。

勉強　先輩からのアドバイス　受験

高2
S・Sさん

Q富士見丘の特徴について教えてください。

女子校なので、周りの目を気にせず自分の個性を活かせる学校です。クラスも和気あいあいとした雰囲気で、伸びのびと過ごすことができます。

Q富士見丘の中学校を受験した志望動機はなんでしたか。

富士見丘は授業だけでなく英語に関する行事も多いので、学校生活を通じて国際性豊かな人になりたいと思い入学しました。中学３年間で基礎的な英語力を培うことができたので、より成長するために高校からは模擬国連部に入りました。

QS・Sさんは勉強と部活動はどのように両立させていますか。

10分休みなど隙間時間を見つけて勉強にあてています。高校生になって授業の内容が濃くなり、模試なども増えたので大変ですが、友だちと教えあってモチベーションを上げながら頑張っています。

Qリーダーズとして、今後模擬国連部で取り組みたいことはありますか。

模擬国連部は勉強の要素が強い真面目なイメージがあるので、今後はさらに楽しく英語に触れるゲームなどを考案し、活動中に行いたいと考えています。

Q最後に読者に向けてメッセージをお願いします。

富士見丘は帰国生が多く、国際色豊かなことも特徴の１つです。また、高校入試を経て入学した人は色々なことに積極的に取り組む人が多いと感じています。様々な背景や考えを持った生徒が集まる学校なので、毎日いい刺激をもらっています。

模擬国連部は英語力だけでなく色々な力が養える部です。この部で頑張った経験は社会に出たあともきっと役立つと思います。チャレンジしたいと思った人はぜひ、入部してください。

「世界につながる教育」で
グローバルに活躍できる人材へ

関東国際高等学校（かんとうこくさい）

関東国際高等学校は、多彩な国際教育を実践する学校です。
将来を見据えた特色あるプログラムで、生徒の力を最大限に伸ばしていきます。

SCHOOL DATA〈共学校〉

Address 東京都渋谷区本町3-2-2　**TEL** 03-3376-2244
Access 都営大江戸線「西新宿五丁目」徒歩5分、京王新線「初台」徒歩8分　**URL** https://www.kantokokusai.ac.jp

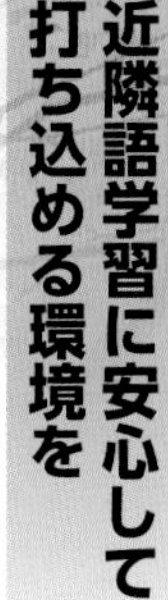

近隣語学習に安心して打ち込める環境を

他校にはない独自の「世界につながる教育」を実践する関東国際高等学校（以下、関東国際）には、文理コースと日本文化コースを有する普通科、そして7つのコースを設置する外国語科があります。外国語科で学べるのは、英語、日本の近隣諸国の言語（近隣語）である中国語、ロシア語、韓国語、タイ語、インドネシア語、ベトナム語です。

「現在の大学入試制度では近隣語を受験科目として使う生徒はあまり多くありません。ですから専門的に学ぶことを不安に思う方もいるでしょう。本校では生徒が安心して近隣語学習に取り組めるように様々な環境を用意しています。その1つとして実現したのが神田外語大学との『東南アジア3言語（タイ語・インドネシア語・ベトナム語）高大一貫教育』です」と黒澤眞爾副校長先生は話されます。

「世界教室2021」の様子

高大で連携して生徒の語学力を磨き、高校卒業後は神田外語大学に入学。入学後は国際経営学や統計学など関東国際出身生専用の講義が実施されます。高い語学力、世界で活躍できる知識を持つグローバルリーダーを育成する高大一貫教育です。

また、国際教育に定評がある関東国際には、22の国・地域との学校間ネットワーク「世界教室」があります。パートナー校の生徒と課題解決に取り組む「世界教室国際フォーラム」、海外で多彩な経験を積む「近隣語現地研修」「異文化体験ツアー」「交換留学」などで構成されます。

現在もパートナー校とはオンライン上で交流を続けています。昨年9月には中学生も参加可能な「世界教室2021」を開催。パートナー校と協力し、まるで現地に留学しているかのようなバーチャル空間を作り上げました。3日間で大勢の中学生が参加し大盛況となりました。

勝浦キャンパスでの学びで1人ひとりの可能性を引き出す

さて、関東国際では国際教育以外にも特色ある教育を展開しています。和食や生涯スポーツ、ハーブにまつわる多彩な講座を受けられる「選択文化講座」、米や野菜を育て、農業を体験する「勝浦ファーム」を柱としたプログラムからなる「勝浦研修」がその1つです。生涯使える知識や技術を学ぶことができ、また個性を磨き、豊かな人間性を身につけることにもつながっています。

関東国際は将来につながる力を養える学校です。「どの言語もイチから丁寧に指導するので安心してください。卒業生には韓国語コースで学び韓国の大学に進学、現地の企業に就職し、現在は大学で学んだタイ語を活かしてタイに赴任中という人もいます。彼女のように複数の言語を習得して世界で活躍できる可能性が、みなさんにもあるはずです」と黒澤副校長先生。生徒の可能性を引き出そうと、熱い思いを持って指導にあたる教員が待っています。

約66万㎡の敷地を持つ勝浦キャンパス

KOSEI DREAM

～夢をかなえる、世界のステージで～

ニュージーランド1年留学（留学クラス）

タイフィールドワーク（SGクラス）

佼成学園女子高等学校

東京都世田谷区給田2-1-1　☎03-3300-2351　https://www.girls.kosei.ac.jp/

【アクセス】京王線「千歳烏山駅」徒歩5分　小田急線「千歳船橋駅」から京王バス15分「南水無」下車

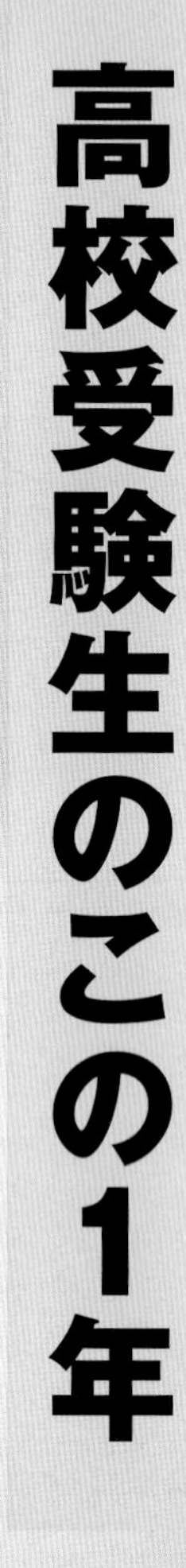

高校受験生のこの1年
どう過ごすかを考える

いよいよ年度が切り替わりました。学年が進んで中学3年生になったみなさんは、いままさに「高校受験生」と呼ばれる1年間を迎えたわけです。このページは、みなさんが歩むこれからの1年間をイメージしていただくために設けられました。すでに志望校を決めている方も、「まだ漠然」という方もいると思います。ここでは、いつ、なにを考えたらよいのかをお話ししていきます。1年間のスケジュールについては首都圏全体の平均的な日程を示しましたが、都県により少しずつ異なっていますので注意が必要です。なお、40ページからは森上展安氏が、この1年間に進めるべき学習に対する考え方をお話しします。

高校受験生のこの1年

どう過ごすかを考える

コロナ禍のなか、各校ともリアルでの学校説明会を復活させている

「志望校選び」が出発点 学校説明会への参加から

まだ志望校を決めかねている方が、まずやらねばならないのが志望校の選択です。

「高校の学校説明会なんて、まだ始まってないよ」と思っているかもしれませんが、その前にご家庭のなかで高校進学を話題にしましょう。ご兄妹の有無などで、ご家庭が考えている学費の条件があるかもしれません。出願を決める「三者面談」（11月）が近づいての意思表明ではご家族の考えとのミスマッチに苦しむことにもなります。

いまは私立高校への授業料無償化制度が進み、公立と私立の学費格差は格段に縮まっています。保護者の方も「私立はお金がかかる」という先入観は捨てて情報を集めましょう。

受験生も入試に関する特徴や傾向といった各校の情報を集めていく過程で「高校」というものに興味が湧き、動機も生まれ、受験への姿勢もできてきます。

その情報集めに関して、最も信頼度が高いのが、各校の「学校説明会」への参加です。

高校の学校説明会は、5月のうちから開催する学校もあります。そして夏休みを境に増えていきます。私立高校などは、土日が来るたび、多くの日程を組んで学校説明会が実施されます。

コロナ禍で一時停滞していた学校説明会も、昨年来、制約はありながらも対面での実施が復活しています。ただ、定員制、予約制が多くなっているのも事実で「予約が取れなかった」という声も聞かれました。その意味でも、早め早めの行動が求められます。

公立高校でも夏から秋にかけて最低2回以上は開催され、それ以外に「授業見学」などとともにミニ説明会や個別相談会を実施するところがほとんどになりました。

私立高校が率先して実施していた「合同学校説明会」は、公立高校でも開催されるようになっています。

中学3年生になったら、志望することに

高校進学や学費のことなどは事前に家族と相談しておこう！

高校入試に備えて
しっかりと情報を
集めておこう

なるであろう学校、また興味のある学校の説明会には必ず行くようにしましょう。

とくに秋以降の学校説明会は校風を知るだけではなく、推薦基準（私立高校）や入試問題傾向など受験に直結する情報が手に入る機会でもあります。夏休み前に一度訪ねた学校でも、志望校となる学校には、秋以降、再度足を運ぶことをおすすめします。

過渡期を迎えている日本の高等教育

この春、中学3年生になったみなさんが、4年後に迎える2026年1月の大学入学共通テストは、入試制度が大きく変わって2年目にあたります。例えば国立大学の一般選抜では、「情報」を加えた「6教科8科目」が課されます。それを見越して、みなさんが受験する高校入試の内容も変化していくことは確実です。

またすでに、各高校の入試も、今年2年目を迎えた大学入学共通テストに合わせて、その内容が改められ始めています。

秋以降の学校説明会では、これらの変化に対応した入試改革の中身が説明されることもあるでしょう。

各校とも入試に関する詳細は夏休み中や、夏休み後に決定されることが多いものです。4月～6月に印刷された学校案内を見ているだけではわからないことがたくさんあります。学校説明会に参加することは、その学校の雰囲気を知るために大きな効果があるとともに、情報収集の柱でもあるのです。

また前述のように、各校個別の説明会とは別に「合同学校説明会」というものもあります。大きな会場を設定して、いくつかの学校が合同で、同時に説明会を実施するものです。私立高校が始めた企画でしたが、最近では公立高校でも、このタイプの説明会が多く実施されるようになっています。

2回目となる大学入学共通テストが実施された
（写真：2022年1月15日・東京大学で／提供・時事）

高校受験生のこの1年

どう過ごすかを考える

オンラインであっても
学校行事の雰囲気を伝えようと
各校とも工夫をこらしている

私立高校と公立高校が組んだ合同学校説明会さえ行われています。

このような合同学校説明会では、講演会が併設されていたり、同時に複数の学校の説明を聞くことができ、学校案内のパンフレットも複数校を手に入れることができたりするメリットがあります。ただ、内容の濃さという点では、志望校に個別に足を運ぶことを上回るものではありません。

合同説明会で複数校を知り、志望校は足で確かめるというスタイルがよいと思います。

インターネット上では、すべての学校が、各校の学校情報をホームページで公開しています。受験が近づいた時点では、応募者情報など「スピードが命」の情報があり、これはインターネット情報にかなうものではありません。

ただ、ホームページがいくらきらびやかでも、学校や入試に関する情報の部分では、印刷配付される学校案内パンフレットの内容とあまり変わらない、という学校も多くあります。

インターネットの画面で、その学校を「わかった」気になるのは危険です。入学後に「ミスマッチだった」ということにもなりかねません。

インターネット情報も、実際に学校に足を運ぶことによって得る情報を上回るものではないということです。インターネットで得た知識をベースに、実際に学校に行って、それを確かめながら真の学校の姿、素顔を見てくるようにしましょう。

コロナ禍が収まっても
公開行事を見にいく場合は
入場制限や事前予約の必要が
ないかチェックしよう！

学校の雰囲気を知る機会を なんとか作りたい

学校説明会のほかに「学校の素顔」に触れることができる機会として、体育祭や文化祭、合唱祭などの公開行事があげられます。

合格!!　高校生に

1月	2月	3月
・公立高校1月入試 ・都立高校推薦入試 ・私立高校推薦入試 ・出願	・合格発表 ・公立高校2月入試 ・私立高校一般入試 ・都立高校一般入試	・卒業式 ・学年末試験 ・二次募集

夏からは模擬試験を受けながら学力の伸びを実感していこう

これらの学校行事を見学することで、その学校、そして生徒の普段の生き方や様子をとらえることができます。

つまり、生徒の活動ぶりと学校の雰囲気を生で感じ取ることができる機会だといえるのです。しかし、ここ2年間、コロナ禍にあって外部からの入校を認めなかった学校がほとんどで、受験生にとっては非常に残念なあり様でした。

今年度はぜひ復活してほしいと考えますが、本誌締め切りまでには、先は見通せていません。もし、新型コロナウイルス感染症撲滅に目途がつき、公開行事の披露が復活した場合は、志望校にと考えている学校には、ぜひ出かけてみましょう。

学校の先生たちにお聞きした感触では、コロナ禍がある程度収まったとしても、事前予約、人数制限は必要とするだろうとのことです。事前の情報に敏感になり、乗り遅れないようにしましょう。

学校側も「本校をよく知って入学してほしい」のが本音ですから、公開行事に匹敵するオンラインでの露出などを考えており、その回数を増やしたり、多角度からの紹介を企画しておられます。なんとかして、生徒たちの姿勢や目の輝き、先生と生徒とのやりとり、上級生と下級生の関係など、学校文化が見えるような方策を考えたい、とのことです。

公開の「模擬試験」を受け受験本番の予行演習を

志望校を具体的に選んでいくプロセスに、もう1つ「模擬試験」の活用があります。

夏から12月にかけて各模擬試験機関によって行われるのが「模擬試験」です。

これには、大きな会場を使用した「会場テスト」と呼ばれるもの、また、通っている塾で受けられるものもあります。2021年度は、模擬試験に関しては、十分な感染予防を徹底して会場テストもリアルで再開されています。

模擬試験を利用することによって、多くの同学年の受験生のなかでの自分の実力、位置を把握することができますので、ぜひ活用しましょう。

大きな会場で行われる模擬試験では、見知らぬ受験生と机を並べての受験となり、入試本番と変わらぬ雰囲気のなかでの予行演習ともなります。また、私立高校では、実際の志望校が模擬試験の会場となっている場合もありますので見逃さないようにしましょう。その場合は早めの申し込みが必

高校受験生のこの1年

どう過ごすかを考える

中学3年生の1年間

4月	5月	6月	7月	8月	9月	10月	11月	12月
中学3年生に ・志望調査	・中間試験	・期末試験 ・修学旅行	・夏休み ・学校説明会 ・個人面談	・学校説明会 ・夏期講習	・中間試験 ・模擬試験 ・学校説明会	・模擬試験 ・学校説明会 ・個人面談	・三者面談 ・期末試験 ・模擬試験 ・学校説明会	・冬期講習 ・私立高校入試相談 ・三者面談

学校説明会
各高校がその高校の校風・特色などを紹介する説明・見学会。コロナ禍にあっても感染防止を徹底し実施されている。

模擬試験
各模擬試験機関が実施する模擬の入試問題。多くの受験生が受けるため合否の指標となる偏差値が示される。

三者面談
期末試験の結果が見通せたあと担任の先生と保護者＋生徒本人が志望する高校について相談する。

要です。

ただ、偏差値を目安に示される「合格可能性」は、少し辛めに出てくるものです。もし、可能性が低めに示されたとしても、がっかりしたり、簡単にあきらめたりするのではなく、塾の先生ともよく相談して、最後まで挑戦の気持ちを失わないようにしましょう。

また重要なことは、一度の模擬試験では本当の実力は測れないということです。模擬試験の結果で示される偏差値は、試験によってどうしても上下します。得意範囲が出題されることもあれば、逆に見たこともない問題に出会うこともあります。ですから、3回、4回と受けて、その平均を自分の実力と考えれば間違いがないのです。弱点克服の目安ともなります。そして模擬試験は受ければ受けるほど偏差値が上がっていくことも事実です。

なお、注意してほしいのは、この偏差値の上下から得るものは、毎回同じ機関（会社）の模擬試験を受けてこそ意味があるということです。様々な機関の模擬試験をハシゴしても、母集団が違うのですから意味はありません。

中学校での面談を受けて志望校・併願校の決定へ

9月末の中間試験が終わると、各中学校で個人面談が始まります。

この個人面談が、受験校決定へのスタートです。個人面談では、まず、「公立志望なのか、私立志望なのか」をはっきりと先生に伝え、志望校のほかに、2校ぐらいの併願校をあげておきましょう。とくに「自分が行きたい学校」は、明確に伝えてください。

これをスタートに、先生といっしょに考えながら、受験する学校を絞り込んでいきます。

11月の期末試験が終わると、中学3年時の内申がほぼ決まる形となりますので、先生、保護者、受験生本人による「三者面談」が行われます。この三者面談で、受験校の最終確認が行われます。

私立高校への受験では、東京、神奈川、千葉の場合は、12月のなかば、中学校の先生が、その学校の生徒が志望する私立各高校に出向いての「入試相談」が行われます。

「入試相談」では、中学校の先生と、その私立高校の先生が、各生徒の合格可能性について相談します。ここで「出願してよいですよ」と言われれば、推薦入試での合格の可能性はまず確保できたといってよいでしょう。

なお、埼玉県では、この「中学校の先生と高校の先生」による「入試相談」は行われていません。埼玉県では受験生・保護者が、私立各高校の学校説明会などで個別に相談することになります。これが「個別相談」と呼ばれているものです。この場合、模擬試験の結果や、部活動での活動実績、各種表彰実績、検定資格などを持っていきます。

私立高校では「推薦入試」の推薦基準が発表される

東京都立高校は推薦入試（学力検査なし）と一般入試（学力検査あり）の2回の入試が行われ、3回目のチャンスとして「2次募集」も行われます。千葉、埼玉、神奈川の公立高校では1回のみの入試で、いずれも学力検査が行われます。

1回入試となった千葉、埼玉での公立高校入試は、以前より遅い時期に行われるようになっています（いずれも2月下旬）。中学校の授業で、入試終わりからの「あとだるみ」がめだったことが要因といわれます。

私立高校は各都県それぞれで入試の開始時期は決まっているものの、各校が入試日程や、入試科目などを独自に決め、発表します。ですから、志望する高校のホームページなどを気をつけて見ておく必要があります。

とくに、私立高校では毎年多くの学校が、細部にわたり変更を行いますので、昨年度の入試要項を見ただけで判断するのは禁物です。

都県によって異なりますが、私立高校の入試には、大きく分けて「推薦入試」と「一般入試」があります。

私立高校の「推薦入試」は、公立高校の1回目の入試よりも前に行われます。

私立高校の推薦入試に出願するためには、私立高校各校が独自に設定した「推薦基準」を満たしていなければなりません。10月ごろまでには、各校が学校説明会や入試要項で「推薦基準」を公表します。

「推薦基準」は、「5教科で合わせて○点

模擬試験は結果に一喜一憂せず
前向きに受け続けることが大切

高校受験生のこの1年

どう過ごすかを考える

以上」など、内申点で規定している学校がほとんどです。つまり、中学3年生の2学期の成績が重要になるということです。

ただ、2学期に少し成績が下がった場合や、推薦基準に1、2ポイント不足していたとしても「とりあえず相談してください」と言っている学校がほとんどです。他の活動（生徒会活動や部活動、英検などの資格）をプラス材料としてくれる場合もあります。

前述した「入試相談」に行っていただく中学校の先生とよく相談してください。

なお、埼玉、千葉の私立高校入試も1月入試と2月入試に分かれていますが、ほとんどの受験生が1月入試で進学校を決めています。

都立高校受験に加わる英語スピーキングテスト

東京都立高校をめざす受験生（中学3年生）には11月末に、今年から始まる重要な変化があります。

それは東京都が全国に先がけて実施する中学校英語スピーキングテスト（ESAT-J）が始まることです。ここでは以下、スピーキングテストと略します。

東京都教育委員会は、小・中学校で身につけた英語によるコミュニケーション能力を、高校でさらに向上させるため、2022年度から都内の全公立中学校3年生を対象にスピーキングテストを実施し、その結果を2023年度都立高校入試に活用するのです。

中学校での学習の成果を測り、その結果を都立高校入試に活用することで、中学校における「英語で話す」ための指導充実と、高校での「使える英語力」育成の充実をめざすとしています。

このようにスピーキングテストは、英語4技能のうち「話すこと」の能力をみるものです。

これまでの都立高校入試では、リスニングテストなどを導入して「書く」「読む」「聞く」能力は試してきましたが、「話す」ことはおきざりにされていました。しかし、長期の準備を経て、ついに2023年度入試から「話すこと」も試されることになるのです。

今年のスピーキングテストは、11月27日（日）に実施の予定で、予備日は12月18日（日）に設定されています。タブレット端末に解答音声を録音する形式で、通学している中学校ではなく、すべて外部会場で行われます。

詳しくは別の機会に譲りますが（昨年12月号にも参照記事）、結果スコアは所属中学校に送られ、調査書点に加えられます。学力検査の得点と合わされ、総合点で合否が決まるため、スピーキングテストのスコアは、合否には2%弱の影響しかありませんが、合否ボーダーに近い場合は、大きな意味を持つことになります。

英語では「読む」「書く」「聞く」だけでなく今後は「話す」力が重要になってくるよ!

この1年間の「学び」を勉強から探究に進化させよう

森上教育研究所
所長　森上展安

前のページまで、これからどのようなことが起きるのか、おもに日程の面から話を進めてきました。ここからは、この1年間の学びをどのような心がまえで進めればよいのかについて、森上展安さんと考えてみることにします。

まずは現在の位置を知ること そこから到達点を見通してみよう

受験生の時間の使い方、とくに入試を控えている中学3年生のこの1年の過ごし方は、かなり意識して取り組む必要があります。

狙いを定める相手は2つあって、1つは入試そのもので

この1年間の「学び」を
勉強から探究に進化させよう

すが、その入試にも一般入試と推薦入試があります。推薦入試は、もう1つの相手、すなわち学校の中間・期末テスト対策と直結しています。つまり2つのうち1つは入試、もう1つは内申ということになります。

この両者の違いはといえば、後者の内申は普段の授業であり成績です。前者の入試はいわば試合のようなものですが、公立高校についていえば、ほとんどの入試は、試験当日の学力テストの点数と内申との合わせ技ですから、試合である入試の得点だけでなく、普段の成績も「持ち点」として影響します。

となると「持ち点」となる内申の現状である「現在地」がまず問題です。というのも2年生の内申が3年生の内申に反映されるのが多くの学校の実情だからです。

はい、ここでみなさんの「現在地」を確認しましょう。すなわち「持ち点」の現在地で、わが内申は各教科何点になっているかです。

その「現在地」から見て「行き先」つまり「到達点」をひとまず仮置きします。

「到達点」には、当然ですが単なる希望と、現実的な「到達点」とがあります。少なくとも「現在地」がオール5で最高水準の内申であるならともかく、それこそオール3に4が少々というのが、普通にみられる「現在地」ですね。

そこから「到達点」までの差を割り出し、その差を埋める算段を、これから考えるのですが、これは1人ではやらない方が無難です。ここは、それこそ塾の出番です。

「3」だ「4」だといっても、これは絶対評価ではなく、多分に学校ごとの相対評価ですから、学力評価としては不十分な指標といってもいいものです。つまり、その都県の受験生、学年全体ではどうなのかは、長年観察を続けている専門家の眼を借りるに越したことはありません。

ですから「現在地」から「到達点」をめざし、ワンランク上げるにはどうしたらよいかについては塾のアドバイスをもらうことにしましょう。そうすればきっと、例えばオール3の人がオール4になるには、なにをどのように勉強すればよいかアドバイスが得られ、そのための方法はわかります。

方法はわかっても
それを実行できるかが重要な課題

方法がわかったところで、次に本来の大問題である「はたしてそれをやれるのか」という本当のハードルがみえてきます。

つまりこれが「現在地」から、次の段階である「出発地」への意識の切り替えなのです。

なにが違うのかといえば、例えば他人からすれば1歩も動いていない同じ場所にいるようにみえますが、「現在地」と「出発地」の違いは決定的です。

なぜなら「出発地」がわかっているということは、本人が自分のこととして考え始めていることの証だからです。他人事ではないという点、重要なポイントです。

さて、前記したオール3からオール４への道は人によって違います。一足飛びに行ける人もいれば相当大変な人もいます。つまり個別の課題を抱えているのです。教科や単元によっても課題の多さ少なさは異なります。

人は「出発」するときは「到着」するまでのプロセスを考えています。1日どれくらい進めるか、見当がついているでしょう。それならば30日でここまで、60日であそこまで、ということも一応頭に入れているはずです。

そういうことを含めて、まず「出発点」に立つのです。「出発点」に立てれば、内申点について、どこまでできればスコアが上がるかという具体的な状況がみえてくるでしょう。こうなれば、いわば「見える」相手と戦うことへと進化しています。多少計画通りにいかなくとも大きくはずれることはありません。肝心なことは個別対応ができて、課題がみえていること、すぐ目の前に課題が示されていることです。

「勉強」を「探究」へと進化できれば
入試への学びは自らの成長の糧となる

こうして内申の持ち点が明確になれば、もう一方の試

この1年間の「学び」を勉強から探究に進化させよう

合の得点、つまり一般入試に必要な得点もみえてきます。これは1学期で持ち点の展望がある程度出てきたあとの、ちょうど夏休みからの対応になります。

入試学力というものは、いわば特化された学力で、その特化とは入試問題へのいわゆる「傾向と対策」です。「傾向と対策」の第1歩は、なにより入試問題に慣れることから始まります。

夏休みから入試の出題形式に慣れるため、入試水準の問題に習熟しましょう。その方法は正答率の高い問題から次第に低きに対応学力を伸ばしていく方法が早道です。

しかし、「早道」というのは目的地と現在地を最短でつなぐから早道といえるので、わき目もふらず、ただただ習熟することが目的達成に近づくことになります。

目的達成を目的にしているのですから、スコアをつけて、そのスコアを伸ばすことが楽しみとなるように意欲を刺激する「インセンティブや習慣づけ」をすると割合うまくいきます。

ただ、こればかりでは〝学力〟が力強く伸びる、ということは、じつはあまり期待できません。あくまで成績が伸びる、に過ぎないからです。

読者のみなさんは、学力が伸びる＝成績が伸びる、と考えている方が多いのではないでしょうか。しかし、ここでいう「学力」は、いわばカッコつきの「学力」で、「やり方がわかる」という程度のことなのです。

本当の学力や学力の伸びは、なんといっても気持ちにスイッチが入り、力強く持続するもので、そこに興味関心、探究心が伴うものです。

そういう自分だけの楽しみが持てれば、「楽しむための自分の時間」のために、成績を伸ばすための勉強は手早く済ませるようになっていきます。

そのうえで自ら究めたくなるようなことに費やす時間を生み出すようにしたくなります。

ここで1つの考え方ですが、前者の「勉強」の時間は後者の「探究」の手段を身につけるためのものなのだ、と思えるようになれば、学力はそこから力強く伸び始めるはずです。この転換点を、いつどうやって探し出すかがじつは肝心です。

この転換点は、自分のなかではなかなか見つけられるものではなく、じつはロールモデルとなる先輩などめざす他人や、好きな本や映像、旅行など、外の世界にこそあるものです。

ちょうど中学2年生前後はだれしも多感なころですから、気の合う他者と交流し、できれば少し上の年代の文化に触れて、そこにある、よいと思えるものと関係を築いていくとよいでしょう。

そして最後につけ加えたいのは時間の流れを入試から逆算して考えてみることです。

最初は粗々のものでよいのですが、次第に現状との距離が近くなるよう修正がかかります。必ずしも理想通りの進行ではないでしょうが、なかには理想以上になるときもあって、プラスだったりマイナスだったり、本来凹凸になるはずのものです。

それは当たり前で、自分と向きあう一方で、他者とも様々に関係して凹凸ができるからこそ成長につながります。

入試が「成長の糧（かて）」とみえるようになれば希望が開けてきます。

森上教育研究所
1988年、森上展安氏によって設立。受験と教育に関する調査、コンサルティング分野を開拓。私学向けの月刊誌のほか、森上を著者に教育関連図書を数多く刊行。高校進路研究会は、幅広い高校進学ニーズを抱える中学生、保護者に向け、おもにWebを通じて様々な角度から情報を提供。

ICHIKAWA
学び合う仲間がここにいる！

生徒の選択肢を広げる 新たな取り組み

岩倉（いわくら）高等学校［共学校］

School Information

所在地　東京都台東区上野7-8-8
TEL　03-3841-3009
URL　https://www.tky-iwakura-h.ed.jp/
アクセス　JR山手線ほか「上野駅」徒歩すぐ、地下鉄銀座線ほか「上野駅」徒歩3分、京成線「京成上野駅」徒歩6分

岩倉高等学校の普通科では、2022年度から従来のコース制が廃止され、「7限制」「6限制」に大別される新たな教育体制がスタートします。

普通科で始まる「7限制」「6限制」

多彩な進路をめざせる普通科と、鉄道業務全般について学べる運輸科の2つに分かれる岩倉高等学校（以下、岩倉）。今回は普通科について紹介します。

普通科は2022年度から教育体制を一新。生徒は7限授業が週3回あり、じっくりと学力を高められる「7限制」と、授業は6限までで、部活動をはじめとした課外活動への参加を促す「6限制」のいずれかを入学時に選択できるようになります。

タブレットを活用した「SDGsプログラム」の授業

そして高2に進級する際にも「7限制」「6限制」を改めて選び、「7限制」の生徒は幅広い科目でハイレベルな問題に対応できる力を育てる「国公立・難関私大クラス」と応用力を養う「私大クラス」に、「6限制」の生徒は基礎学力の定着を重視する「私大クラス」と強化指定部の活動と勉強の両立をめざす「L特クラス」に細分化され、さらにクラスのなかで文理選択を行います。

「7限制」「6限制」について、募集広報部部長の大久保康紀先生は以下のように話されます。

「高2以降はクラスが細分化されますが、どのクラスを選んでもめざせる進路の幅に差がないよう指導しています。例えば、6限制の『私大クラス』『L特クラス』の生徒が、公募推薦などを利用して国公立大学をめざすことも可能です。これまでのようにコースに合わせて進路を考えるのではなく、生徒自身が決めた目標に沿ってクラスを選択し、希望の進路を実現してほしいと願っています。そのために、私たち教員は全力でサポートをしていきます」

さらに、岩倉では2022年度入試から奨学生制度も新しくなりました。従来の成績奨学生に加えて、中学校との「入試相談」を経て合格した、優秀な生徒を「学業特待生」として支援します。奨学生制度は入学金とは別に施設設備相当額に加え35万円が支給されるSから、入学金が半額免除となるDの5つがあり、普通科のほか運輸科の生徒も、同じ基準を満たせば対象となります。

「2022年度入試から奨学生制度を充実させ、優秀な生徒を幅広く支援することにしました。学業特待生は推薦入試・一般入試どちらでも対象となります」（大久保先生）

生徒1人ひとりの主体性を尊重し、希望に沿った進路をめざせるよう指導する岩倉。新たな教育体制のなかで生徒たちは限られた3年間を大切にしながら、将来についてじっくりと考えていけることでしょう。

ホームページにて、学校の最新情報を随時更新し、お知らせしております。QRコードよりご確認ください。

受験生のための
明日へのトビラ

新学年が始まりました。高校選びも本格化してくる3年生、「そろそろ高校進学も考えなきゃなあ」という2年生、ここからのページは、高校やその教育のこと、高校入試のことはもちろん、中学校での学びのあれこれもお伝えするページです。

NEWS

全国　高校で必修「情報Ⅰ」の授業始まる 2025年共通テストの「情報」で出題

4月から1年生となった高校生が迎える2025年1月の大学入学共通テスト（以下、共通テスト）から、新科目として採用される「情報」に、4月から必修として学ぶ「情報Ⅰ」が出題範囲として加わる。

情報Ⅰは、この春からの学習に加えられたもので「プログラミング」、「情報社会の課題（情報モラルや人工知能〜AI〜の長所短所を学ぶ）」、「情報デザイン（情報発信の技法を学ぶ）、「データの活用（統計の管理や分析を学ぶ）」の4分野で構成されている。

これまでの教科「情報」は選択必修でプログラミングの詳細は含まれていなかった。情報Ⅰからは必修へと改められ、おもに高校1年生で週2コマ、学習する。4月からの新科目に対応する授業準備を進める教員にとっても、なかなか課題は多いとのことで、とくに共通テストの出題に耐えうる力を、限られた授業数のなかでどうつけさせるかが悩ましいところだという。2025年1月の共通テストに向けた情報のサンプル問題はすでに公表されているが、プログラミングの手法よりも、問題文をしっかり把握できるかの読解力が問われているとの意見が多かった。

なお、中学校の学びでも、教科「技術・家庭」のなかで計測・制御のプログラミングなどを含む「情報の技術」が加えられている。

※本誌では、次号となる6月号から情報Ⅰをふまえた連載「プログラミングって楽しいよ！」（仮題）をスタートします。

東京　2026年から日本学園が明大系列校に 同時に共学化し校名変更も発表

日本学園（東京世田谷・男子校）は、2026年4月、明治大学の系列校となり中高同時に共学化して、校名も「明治大学付属世田谷高等学校」に改称する、と発表した。

これは、すでに学校法人日本学園と学校法人明治大学が基本合意に達しているもので、法人連携策などは継続協議となっている。

そのなかで明治大学側が「推薦入学試験による入学者の受け入れは2029年度からとする」という一文が付されているので、推薦制度が伴うことは間違いのないところ。その推薦制度の詳細は今後の協議事項となっている。なお、現行制度のもと2020年度卒業生で明治大学に進んでいるのは12名。

系列校化以降の募集人員の詳細は、その男女比を含めて未定。

同校における現在の募集人員は、2022年度募集要項によれば、推薦入試127名、併願優遇・一般第1回90名、同2回39名、いずれも現在は男子のみで計256名となっている。

同校は中学校を併設しており、中学受験向けの学校説明会では、系列校化が公表されたのちの1月には300名を超える保護者を集め、明治大学系列校化に関する質問が集中した。

今後は、2026年が近づくにつれ、高校受験生の注目も集めることになりそうだ。

※明治大学は、別法人設置による附属校を「系列校」と呼んでいる。

高校入試で出題内容の改革スタート「英語で話すこと」と「思考力重視」

首都圏に限らず、公立の高校入試で出題形式を含め、出題内容の変化がめだっている。

これは、2021年1月から始まった大学入学共通テスト（以下、共通テスト）の内容が、それまでの大学入試センター試験の内容から改められたことに起因し、その影響を多分に受けていることがうかがわれる。

私立高校ではすでに、共通テストのサンプル問題が2017年に公表されて以降、新形式の出題が漸次的に増えている。

【東京都立の英語スピーキングテスト】

東京都は今年の11月末に初の「中学校英語スピーキングテスト」をスタートさせる（関連記事39ページ）。

都立の中高一貫校を含む、都の公立中学校3年生の生徒全員に課すもので、大きな特徴は翌年2月に実施される都立高校入試の英語スコアに加算される点だ。

これは、共通テストの英語で課される内容が、当初、英語の4技能すべてを外部の検定試験スコアを利用して試すことにしていた動き（そののち延期され現行は「読むこと」「聞くこと」の2技能のまま）に呼応したものと思われがちだが、東京都は、それ以前から「話すこと」を試す準備を進めており、コロナ禍で1年遅らせていたものだ。

東京都立高校の場合、英語で、すでに「書くこと」を含め3技能の力は測っているため、これで4技能すべてを試す試験となる。この動きは今後、全国に広がっていくものと思われ、頓挫した共通テストでの4技能実施にも影響を与えるものと思われる。

これとは別に、これも首都圏に限らず全国の公立高校の一般入試で、知識だけでなく思考力を問う問題が増えている。

中学校で1年前の2021年度から新学習指導要領が導入されたのが直接のきっかけといわれるが、実際には共通テストでの改革が影響しているとの指摘がある。共通テストでは「思考力、表現力、判断力を問う」と明記されている。

大学入試の影響を強く受ける私立高校の入試内容ではなおさらである。

今後は公立、私立を問わず記述問題も増え、受験生にとっての難易度は上がっていくといえそうだ。

なお、首都圏で存在感を増している公立中高一貫校の入試問題（適性検査）は、設立当初から科目横断的な融合問題で思考力、表現力を問う問題が頻出してきたことも付記しておく。

【千葉県立の思考力を問う問題】

千葉県教育委員会は、今年2月25日の高校入試で、「思考力を問う問題」を新たに導入する。本誌締め切りが2月10日であるため、その内容まで詳報はできないが、本誌前号にあたる2月号43ページでサンプル問題を扱っているのでご参照いただきたい。

県教委によると、この「思考力を問う問題」を今回の入試で利用するのは県立千葉のみだが、今後県内各校に広がる可能性は十分にある。

5教科の共通問題とは別に、国語、数学、英語の内容を計60分で問う。これまで、基礎学力をみる共通問題で点差がつきにくいという課題があり、おもに学力上位校向けに作ったという。

県立千葉では、第1日（24日）に国語・数学・英語の学力検査、第2日（25日）に社会・理科の学力検査に加えて「思考力を問う問題」（60分）を実施する。

前述したサンプル問題は昨年9月に公表されたが、数学は正しい選択肢を1つではなくすべて選ぶ問題、英語は長文読解や英作文、国語では複数の文章を読んで筆者の意見をまとめる記述問題などが示された。

サンプル問題では、調べるだけでなく検証する必要がある問題や、作業量、記述量が多い問題、また、短時間で多くの情報を処理する能力が求められた。

F 外部施設にて行う体育祭　G 男子バスケットボール部　H 美術部

専修大学附属高等学校〈共学校〉

毎年、約9割の生徒が系列大学へ進学する専修大学附属高等学校。キャリア教育の視点に基づいた高大連携システムや探究学習など大学附属校としてのメリットを最大限に活かし、未来を創造する生徒の育成に取り組んでいます。

自分の「好き」を深め、自分を知り目標までの道のりを構築できる3年間

3年間の総合的な探究で進路決定をサポート

全国に4校ある専修大学の附属高校の1つとして、90有余年の歴史を誇る専修大学附属高等学校（以下、専修大附属）。まもなく創立100周年を迎えるにあたり、次の100年に向けて専修大附属としてのNEXT VISIONを策定し、魅力ある学校づくりに取り組んでいます。ハノイの塔をイメージして構築したNEXT VISIONでは、専修大附属のグランウンドルールである『洞察・対話・行動』をベースに、生徒の成長段階に応じた教育目標を設定し、最終的には専修大学の21世紀ビジョンでもある『社会知性』の獲得をめざしています。

専修大附属では、高1・高2は全員が同じカリキュラムで学び、高3で「専修大学進学コース」と「他大学受験進学コース（文系・理系）」に分かれます。例年、約9割の生徒が専修大学へ進学していますが、他大学へ進学する生徒に対しても1人ひとりの目標に合わせたきめ細かな指導が行われています。2022年度からの新カリキュラムに合わせて、数年前からキャリア教育を根幹においた教育活動を実施しており、その代表的な取り組みが探究とアクティブラーニングです。

Photo　A エントランス　B 体育館　C アメリカ短期交換留学　D 韓国姉妹校交流　E いずみ祭（文化祭）の様子

写真提供：専修大学附属高等学校　※写真は過年度のものを含みます。

「新カリキュラムでは週1時間（高1〜高3）の総合的な探究の時間を設けます。『探究×追究×社会知性』をコンセプトに、自己分析を行い自分の『好き』を深めていきます。そして自分と社会とのかかわりを知り、将来の目標までの具体的な道のりを構築していきます。また、本校では2015年から段階的にアクティブラーニングを導入しています。試行錯誤を繰り返しながら、いまでは全教科でディスカッションやグループワークなどなんらかのアクティブラーニングを取り入れた授業を行っています。コロナ禍でICT環境の整備が進んだこともあり、アクティブラーニングのあり方も日々進歩しています」と入試広報部主任の杉山比呂之先生は話されます。

高1から始める きめ細かな 「キャリアデザイン」

「専修大学進学コース」の生徒は、高3の4月に志望する学部学科を決定しなければなりません。そのため高1から年3回の進路希望調査を行うなど、早い段階からキャリアデザインの設計に取り組んでいます。高2では専修大学附属校出身の大学生が企画する「附属フェスティバル」があり、大学で模擬授業を受講したり、先輩から大学生活の話を聞き、学食で食事をしたりと大学生活を模擬体験します。これ以外にも高2までに様々なプログラムが用意されており、生徒の進路選択を手厚くサポートしています。

また、1割ほどしかいない「他大学進学コース」の生徒にも手厚いサポート体制があり、本校舎のすぐそばの別校舎で授業を行うなど、集中して受験勉強に取り組める学習環境を整えています。

専修大附属は、教員の入替えも少なく、在学中もそして卒業してからも大変面倒見のいい、安心感のある学校として多くの保護者から評価されています。短期・中期の国際交流や3コースから選べる修学旅行も人気で、9月に実施されるいずみ祭（文化祭）は高3が中心になるなど、附属校ならではのゆったりとした時間が流れる行事が多くあります。

「本校は不易と流行のバランスがいい学校だと思います。なにごとにもつねに新しいものを求めていますが、古くてもいいものは大切にする学校です。志望校を決める場合、大学進学実績などのデータも重要ですが、その学校で楽しい高校生活を送っているイメージが持てるかどうかが大事だと思います。自分の感性を大切にして学校選びをしてください。本校はそのイメージがつかみやすい学校だと思います」（杉山先生）

2020年には、専修大学の神田キャンパスに16階建ての大学新校舎（10号館）が完成し、さらに魅力ある高校として注目を集めている専修大附属です。

スクールインフォメーション

所在地：東京都杉並区和泉4-4-1
アクセス：京王線「代田橋駅」・地下鉄丸ノ内線「方南町駅」徒歩10分
生徒数：男子577名、女子722名
TEL：03-3322-7171
URL：https://senshu-u-h.ed.jp/

2022年度 入試概要（実施済）

区分	推薦入試	一般入試
募集人員	200名（男子110名 女子90名）	200名（男子110名 女子90名）
試験日	1月22日（土）	2月10日（木）

あの学校の魅力伝えます
スクペディア No. 70

修徳（しゅうとく）高等学校

東京都　葛飾区　共学校

所在地：東京都葛飾区青戸８-10-１　生徒数：男子493名、女子291名　TEL：03-3601-0116　URL：http://shutoku.ac.jp/
アクセス：JR常磐線「亀有駅」徒歩12分、京成線「青砥駅」徒歩17分

独自の学習サイクルで自主性を養う

「君はもっとできるはずだ」を合言葉にきめ細かな指導を行う修徳高等学校（以下、修徳）。グローバル社会で活躍できる人材を輩出するために、独自の取り組みで生徒の学力を伸ばし続けています。

プログレス学習システムで学習習慣と英語力を養成

修徳では学校生活を通して、主体的な学習習慣を培う「知育」、部活動で健やかな心身を育む「体育」、周囲の人に感謝の気持ちを持って接する『恩に気づき、恩に報いる』人間形成を行う「徳育」の三位一体教育を実施しています。

このうち「知育」では「スコラ手帳」に日々の学習記録をつけることでPDCA※サイクルを確立するだけでなく、独自の学習サイクル「プログレス学習システム」で英語力も高めているのが特徴です。

まず入試合格者には「入学前課題」（国語・数学・英語）のテキストが配付され、入学前から計画通りに自主学習を進める練習をします。入学後は毎朝、英単語・英熟語テスト「朝プログレス」を行い、正答率が7割以下だった場合は放課後に専用のサポート教員の指導で復習する「放課後プログレス」を受けます。さらに、土曜日にはその1週間で行った「朝プログレス」の全範囲を対象にした小テスト「土曜アウトプット」で確実に知識を定着させます。

そのほか大学受験に特化した学年別の講座「ハイプログレス」（希望者対象）も用意。夜9時まで利用可能な学習棟「プログレス学習センター」では、大手予備校のチューターによる学習サポートや個別指導（有料）なども受けられます。

授業は生徒それぞれの学力に合わせたカリキュラムで実施。「特進クラス」はハイレベルな授業内容で、国公立・難関私立大学（G-MARCHなど）レベルの学力を養成します。「文理進学クラス」は中堅大学合格を目標に多彩な進路をめざし、勉強と部活動を両立することができるクラスです。

ほかにも、年に3回全校生徒が英検を受験し卒業までに2級以上の級の取得をめざすなど、英語教育にとくに注力しています。加えて、英語の授業中に外国人教員と会話する時間を多くし「生きた英語」に触れることも大事にしています。

このように、国際社会で通用する英語力を養える修徳です。

※「計画」・「実行」・「評価」・「改善」を行うサイクル

あの学校の魅力伝えます
スクペディア No.71

女子美術大学付属高等学校

東京都　杉並区　女子校

所在地：東京都杉並区和田1-49-8　生徒数：女子のみ210名　TEL：03-5340-4541　URL：http://www.joshibi.ac.jp/fuzoku/
アクセス：地下鉄丸ノ内線「東高円寺駅」徒歩8分

「知性」と「感性」を併せ持つ人へ

女子美術大学付属高等学校（以下、女子美術大付属）は、日本で唯一の美術大学の付属校です。設立は1915年と、美術系私学で最も歴史のある学校でもあります。

校名の通り、美術教育に特化したカリキュラムを実施する個性的な高校ですが、設置しているのは「美術科」ではなく「普通科」です。その理由は、美術だけでなく全教科を学ぶリベラルアーツ教育を重視しているためです。女子美術大付属では、幅広い知識に基づいた「知性」を教科教育で育み、新たなものをデザインし生み出せる「感性」を美術教育で伸ばすことで、「知性」と「感性」を併せ持ち、将来、美術分野のみならず幅広く活躍できる人材の育成をめざしています。

すべての教科で美術教育を実施

女子美術大付属の特色ある教育内容を具体的にご紹介します。

学習面を重要視しつつ美術の時間を多く設定したカリキュラムが魅力で、美術の授業は高1で週に6時間（それ以外に美術史週1時間あり）、高2・高3で週10時間あります。高1でしっかりと美術の基礎を学び、高2から「絵画」「デザイン」「工芸・立体」の3コースから1つを選択し表現の幅を広げていきます。高3では卒業制作を実施。完成した作品は東京都美術館での卒業制作展で展示されます。

美術以外のすべての教科において美術教育を取り入れている点も、女子美術大付属の特徴です。例えば高1の化学では、元素をイラストや立体で表現した元素カードを作成するなど、身の回りの科学を楽しみながら学べる創作活動を体験します。

また、英語では美術を通して英語を学ぶ「アート・イングリッシュ」に力を入れています。アート用語や表現などをネイティブ教員と学ぶオリジナル授業です。高3では、英語で自分の作品を紹介するアーティスト・トークなどにも挑戦します。週1で1対1のオンライン英会話も実施し、実用できる英語力を育みます。

授業以外にも、屋外スケッチを行う春季旅行や芸術・美術鑑賞などの様々な美術関連行事、中高大合同の女子美祭など、女子美術大付属には独自の取り組みや行事が満載。絵を描くことやものづくりが好きな生徒たちが「知性」と「感性」を磨きながら大きく成長できる学校です。

あの学校の魅力伝えます
スクペディア No. 72

和洋国府台女子高等学校
（わようこうのだいじょし）

千葉県　市川市　女子校

所在地：千葉県市川市国府台２-３-１　生徒数：女子のみ567名　TEL：047-371-1120　URL：https://www.wayokonodai.ed.jp
アクセス：京成線「国府台駅」徒歩９分、JR総武線「市川駅」・JR常磐線ほか「松戸駅」・北総線「矢切駅」バス

「凛として生きる」女性を育成

２０２２年度で創立１２５周年を迎える伝統ある女子校、和洋国府台女子高等学校（以下、和洋国府台女子）。教育目標の「凛として生きる」は、「周囲に対する思いやりと物事に挑戦する逞しさをもつ」「自らを律し、礼儀正しく品格をもつ」「文化を尊重し、豊かな表現力をもつ」の３つを意味しています。

和洋国府台女子では、希望の進路に合わせて「和洋コース」「特進コース」「進学コース」の３つのコースを用意し、生徒の夢の実現をあと押ししています。

まず「和洋コース」は、併設する和洋女子大学への進学を前提としたコースで、２０２０年度に新設されました。高大を接続させた独自の「7年制共育プログラム」で、高校在学時から大学の授業を先取りすることができます。早くから専門分野に触れることで、自らの適性を見極め、大学での学びや資格取得に主体的に取り組めるようになります。

続いて「特進コース」は、国公立・難関私立大学の現役合格をめざすコースです。受験指導教員チームと、教科教員、担任教員が生徒１人ひとりに適切な指導を行い、希望進路の実現に向けてサポートしていきます。

そして「進学コース」は、部活動や語学研修への参加など、充実した高校生活と受験勉強を両立したい生徒に適したコースとなっています。

将来の可能性を広げる探究型授業を展開

探究学習に力を入れているのも、和洋国府台女子の魅力の１つです。「総合的な探究の時間」において、すべてのコースで、高大連携の探究型授業「ＷＩＱ（Wayo Inquiry）」を実施。教科の枠を越えた授業を通じて、ＩＣＴの活用法や言語技術、データ収集の方法など探究学習に必要なスキルを習得できます。さらに、地域や企業との交流を通した問題解決型学習も推進しています。大学入試はもちろん、社会に出てから役立つプレゼンテーション能力や、多様な人と協働する力を養っています。

また、和洋国府台女子の教育を語るうえで、日本文化の探究は欠かせません。箏や日本舞踊などを体験できる多彩な講座を用意し、教養と品格を育みます。

密度の濃い学びで将来に活きる様々な力を身につけられる和洋国府台女子。グローバル社会に羽ばたく自立した女性が育っています。

あの学校の魅力伝えます
スクペディア No.73

拓殖大学第一高等学校

東京都　武蔵村山市　共学校

所在地：東京都武蔵村山市大南4-64-5　生徒数：男子663名、女子681名　TEL：042-590-3311　URL：https://www.takuichi.ed.jp/
アクセス：西武拝島線・多摩モノレール「玉川上水駅」徒歩3分

「未来を切り拓く」ための力が身につく

「心身共に健全で、よく勉強し、素直で思いやりのある青年を育成する」を教育目標とする拓殖大学第一高等学校（以下、拓大一高）。「人間教育」と「文武両道」を特色とし、学習や学校行事、クラブ活動に伸びのび取り組める環境が整っている学校です。

カリキュラムは、高1から2コースに分かれて進められます。難関国公立・最難関私立大学への現役合格をめざす「特進コース」と、難関私立大学合格を目標とする「進学コース」の2つです。高2からはさらに文系・理系など進路別に細分化した6タイプのクラスを編成。志望分野に分かれて、学力を鍛えていきます。

多彩な国際交流機会と先進的プログラム

拓大一高の特徴の1つは、国際理解教育を重視していること。英語の授業数を多く確保しているだけでなく、高2全員が参加する台湾への修学旅行や、希望者対象のニュージーランドへの語学研修、オーストラリアへのターム留学など、国際交流ができるプログラムも多彩です。

そのほか、3年間という限られた時間で確実に英語力を高めるカリキュラムが組まれているのもポイントです。大学入試改革に対応して外部検定試験を積極的に導入したり、英語科通信「TEJ（Takuichi English Journal）」を発行したりと、英語力向上につながる様々な工夫が施されています。

なかでも、高1全員を対象に実施される「ディスカッションプログラム」は拓大一高独自のプログラムです。少人数のグループに分かれて英語でのディスカッション、およびプレゼンテーションを年に5日、各日4時間かけて行うもので、多様な国籍を持つ約70人の外国人講師を招いて行われます。

こうしたプログラムと並行して、丁寧な学習指導や面談、ガイダンスなどの進路・進学指導が行われることで、例年8割～9割の生徒が現役で大学に合格しています。系列の拓殖大学には、併願推薦制度を利用して進学することも可能です。

卒業生の話を聞いて自分の将来について考える「みらい探究」が高1からスタートするなど、3年間を通して「将来どう生きたいのか」を意識する機会が豊富なのも魅力。早期から目標に向かって学べる充実した高校生活が待っています。

開智高等学校

開智高校ってどんな学校だろう？

大学合格実績に目を奪われやすいのが進学校ですが、開智高校の最大の魅力は「多彩な学びのフィールド」にあります。今回はその一部を紹介します。

勉強もしっかり、学校行事や部活動もしっかり

開智高校といえば、多くの方が「勉強ばかり」というイメージをもっているのではないでしょうか。しかし、「勉強ばかり」の学校という訳ではありません。

開智高校は、「国際社会に貢献する心豊かな創造型・発信型・スペシャリストを育てる」ことを教育方針においています。単に勉強ができるというだけでは真のリーダーには成り得ません。周囲から尊敬されるリーダーとしての素養は、様々な困難に向かって自主的に行動することで培われていきます。開智高校では、勉強はもちろん、部活動、生徒会活動、学校行事、その他様々な活動にも自分の意志で積極的に携わることを推奨しています。

生徒には「主体性」という言葉を定着させ、教員はなるべく生徒の後ろを歩くように心掛けているため、ある意味、自由な高校生活が送れているのかもしれません。ただ、それだけでは放任となり、進学実績の向上にもつながらないため、学習面のレールはきちんと敷いています。たとえば1・2年生は、月・木曜日は「勉強の日」とし、放課後は通常8時間目まで補習があり、部活動や生徒会活動等は一切禁止となっています。もちろん補習ですので参加は自由ですが、ほぼ100％の生徒が参加しています。火・水・金・土曜日は各自の判断で様々な活動に取り組める日と決めており、曜日によってメリハリをつけ、勉強にも勉強以外の活動にも積極的に挑戦できるシステムが整っています。

3年生になると、毎日、放課後特別講習が行われます。大学受験に必要な講習を各自選択でき、進学先レベルによっては毎日9時まで講習を受けている生徒もいます。もちろん、補習も講習もすべて無料で行っています。

「様々な活動を通して得られる成功体験によって、人として大きく成長できる」これが開智高校の魅力です。また「主体性」でもあるのです。勉強もしっかりやりたい、学校行事も部活動もしっかり取り組みたい生徒には、開

◆2022年度　学校説明会日程

日　程	
6月11日（土） ※文化祭ミニ説明会	10月15日（土）
6月12日（日） ※文化祭ミニ説明会	11月19日（土）
7月30日（土）	11月20日（日）
8月20日（土）	12月17日（土）
9月17日（土）	12月18日（日）

※時間・個別相談会などの詳細は学校HPでご確認ください。

智高校はぴったりの学校です。

開智高校のクラス編成について

開智高校では生徒の希望進路に合わせて、クラス編成やコース選択など、様々な教育システムの改革を行ってきました。1年生は、入学試験（クラス分けテスト）の結果でTコース、Sコース、Dコースに選別されます。1年間は同じ教科書で進度も同じです。2年生は、1年生の成績を踏まえ理系と文系に分かれ、成績順にクラス編成されます。この時も理系、文系それぞれの教科書は同じで進度も同じになります。

3年生のクラス編成は、2年生の時に担任と頻繁に面談をすることにより、成績に見合ったコース選択ができます。東大・京大・国立医学部等の最難関大学を志望するコース、東工大・一橋大・旧帝大の難関大学を志望するコース、埼玉大、千葉大、横国大や私立大学を専願するコースなどを自分自身で選びます。

開智高校の場合、3分の1の生徒が国公立大学に進学するため、3年生のカリキュラム自体は、国公立大学受験用の教科設定になっていますが、面談を行っていくうちに、私立大学への進学のみに絞る生徒も出てきます。そのため私立大学専願型というコースの設定もあり、受験に必要のない教科は選択しなくてもいいため、授業のない時間帯は独習室（自習室）で、自分の計画に基づいて学習が行えるようになっています。独習室には、常に教員が待機しているため、わからないことがあれば、質問をしたりアドバイスを受けることもできます。

生徒からは「受験科目に必要ない教科はカットし、必要な教科だけに集中できるので、効率よく学習ができました」といった意見も出ています。

■1・2年生　時間割例　B君（1年生）の1週間

<table>
<tr><th></th><th>月</th><th>火</th><th>水</th><th>木</th><th>金</th><th>土</th></tr>
<tr><td>0</td><td></td><td>独習</td><td>独習</td><td></td><td>独習</td><td></td></tr>
<tr><td>1</td><td>現代社会</td><td>国語</td><td>数学</td><td>英語</td><td>英語</td><td>英語</td></tr>
<tr><td>2</td><td>体育</td><td>情報</td><td>家庭科</td><td>理科</td><td>保健</td><td>国語</td></tr>
<tr><td>3</td><td>国語</td><td>世界史</td><td>家庭科</td><td>情報</td><td>世界史</td><td>理科</td></tr>
<tr><td>4</td><td>数学</td><td>英語</td><td>数学</td><td>数学</td><td>芸術</td><td>数学</td></tr>
<tr><td colspan="7">昼　　　食</td></tr>
<tr><td>5</td><td>英語</td><td>国語</td><td>英語</td><td>現代社会</td><td>体育</td><td rowspan="2">部活動</td></tr>
<tr><td>6</td><td>英語</td><td>国語</td><td>体育</td><td>ＬＨＲ</td><td>数学</td></tr>
<tr><td rowspan="2">放課後</td><td rowspan="2">数学補習</td><td>部活動</td><td>部活動</td><td rowspan="2">英語補習</td><td>部活動</td><td>独習</td></tr>
<tr><td>独習</td><td>独習</td><td>独習</td><td></td></tr>
</table>

■3年生　時間割例　Aさんの1週間

<table>
<tr><th></th><th>月</th><th>火</th><th>水</th><th>木</th><th>金</th><th>土</th></tr>
<tr><td>0</td><td>独習</td><td>独習</td><td>独習</td><td>独習</td><td>独習</td><td>独習</td></tr>
<tr><td>1</td><td>数学</td><td>理科</td><td>理科</td><td>英語</td><td>英語</td><td>数学</td></tr>
<tr><td>2</td><td>数学</td><td>理科</td><td>理科</td><td>芸術</td><td>英語</td><td>英語</td></tr>
<tr><td>3</td><td>国語</td><td>国語</td><td>理科</td><td>体育</td><td>国語</td><td>理科演習</td></tr>
<tr><td>4</td><td>地歴演習</td><td>英語</td><td>英語</td><td>体育</td><td>数学</td><td>理科演習</td></tr>
<tr><td colspan="7">昼　　　食</td></tr>
<tr><td>5</td><td>英語</td><td>国語</td><td>数学</td><td>理科</td><td>地歴演習</td><td rowspan="2">化学特講</td></tr>
<tr><td>6</td><td>数学</td><td>地歴演習</td><td>数学</td><td>ＬＨＲ</td><td>国語</td></tr>
<tr><td>7</td><td rowspan="2">現代文特講</td><td rowspan="3">独習</td><td rowspan="2">数学特講</td><td>独習</td><td rowspan="2">英語特講</td><td rowspan="2">物理特講</td></tr>
<tr><td>8</td><td rowspan="2">古典特講</td></tr>
<tr><td>9</td><td>独習</td><td>独習</td><td>独習</td><td></td></tr>
</table>

芝浦工業大学附属高等学校

東京　共学校

問題

次の図において，ABは円の直径であり，AB＝5cm，AC＝$2\sqrt{5}$ cmである。
このとき，次の各問いに答えよ。

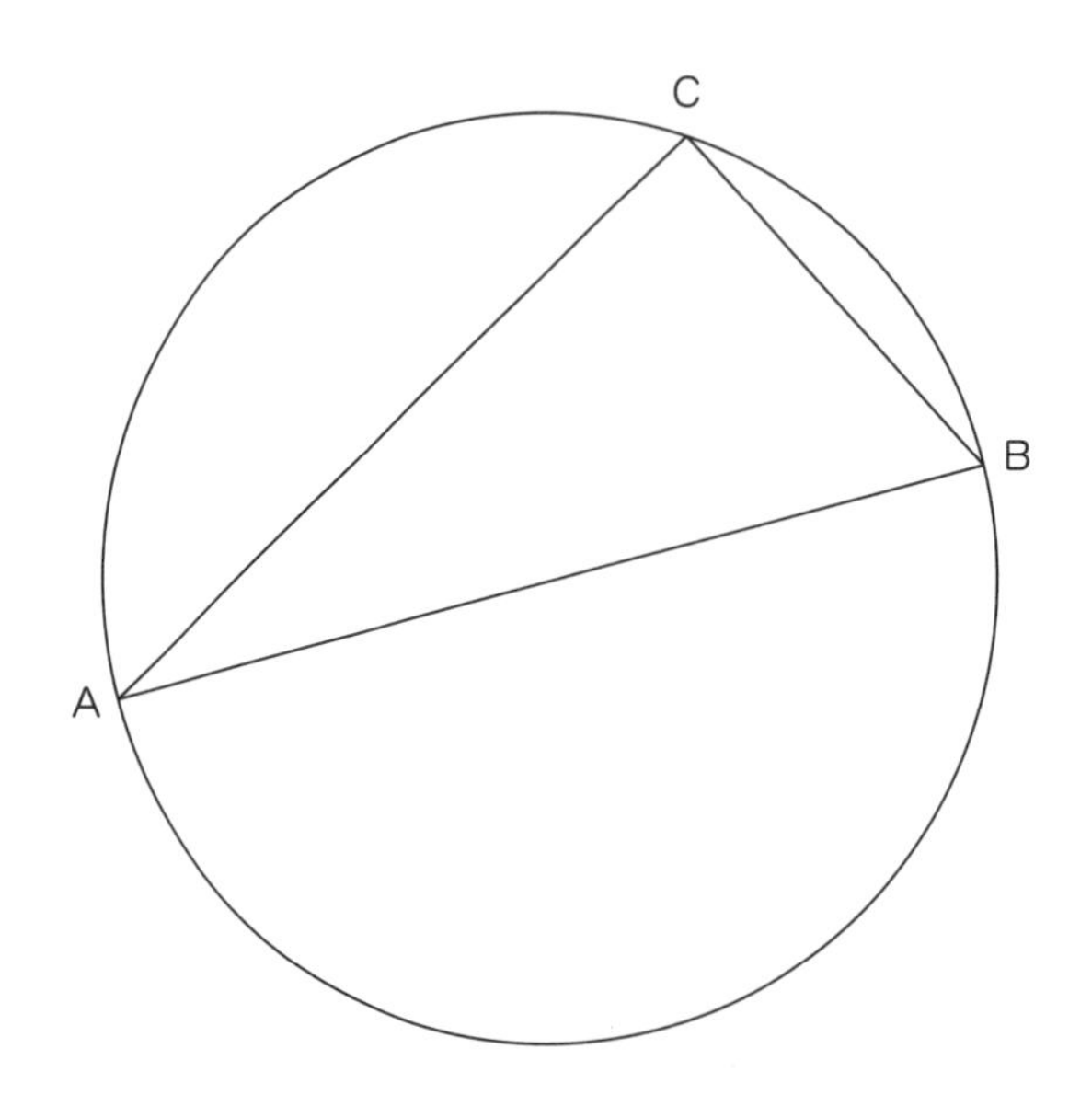

（1）BCの長さを求めよ。

（2）BC＝BDとなるように直径ABに対して点Cと反対側の弧AB上に点Dをとる。
このとき△BCDの面積を求めよ。

（3）△CDEの面積が△BCDの面積の3倍になるように円周上に点Eをとる。
このとき，考えられるDEの長さをすべて求めよ。

解答　（1）$\sqrt{5}$cm　（2）2cm^2　（3）3cm，5cm

●東京都江東区豊洲6-2-7
●ゆりかもめ「新豊洲駅」徒歩1分、地下鉄有楽町線「豊洲駅」徒歩7分
●03-3520-8501
●https://www.ijh.shibaura-it.ac.jp/

レッツトライ！ 入試問題

市川（いちかわ）高等学校

千葉 共学校

問題

（1）次の文章は世界に見られる気候帯や植生の特色を説明したものです。（ ア ）～（ オ ）にあてはまる語句をそれぞれ答えなさい。

> 北アメリカ大陸の北緯40度付近を境に、北部には主にタイガの広がる（ ア ）帯が分布する一方、南部には西経100度付近を境として西側には（ イ ）帯、東側には（ ウ ）帯が見られる。
> アフリカ大陸には世界最大の砂漠である（ エ ）砂漠があり、その南側の（ オ ）と呼ばれる地域では砂漠化がすすんでいる。

（2）日本の各地域の農業を説明した文として誤っているものはどれですか、①～⑧から３つ選び、番号で答えなさい。

① 宮崎県や高知県では、暖かい気候を利用して野菜類の出荷時期を他県より早める促成栽培が行われている。

② 千葉県や茨城県では、大都市向けに農作物を出荷する近郊農業が行われている。

③ 長野県や群馬県では、冷涼な気候を利用して野菜類の出荷時期を他県より遅らせる抑制栽培が行われている。

④ 愛知県や沖縄県では、夜間にも照明をあてて出荷時期を早める菊の促成栽培が行われている。

⑤ 北海道では、広大な十勝平野を中心に大規模農法での稲作が行われている。

⑥ 秋田県や山形県では、やませの影響を強く受けると冷害が起きるため、寒さに強い稲の品種であるササニシキなどの作付けが行われている。

⑦ 鹿児島県や宮崎県では、外国産の安価な肉の輸入増加に対して、安全で肉質を重視した肉用牛や豚のブランド化が行われている。

⑧ 静岡県では、霜害（そうがい）をさけるために風を起こすファンを茶畑に配備するなど工夫をこらした茶の栽培が行われている。

解答 （1）ア：冷（亜寒） イ：乾燥 ウ：温 エ：サハラ オ：サヘル （2）④⑤⑥ （解答作成は本誌）

●千葉県市川市本北方２-38-１
●京成線「鬼越駅」徒歩20分、JR総武線・都営新宿線「本八幡駅」・JR武蔵野線「市川大野駅」・JR総武線・地下鉄東西線・東葉高速鉄道「西船橋駅」バス
●047-339-2681
●https://www.ichigaku.ac.jp/

東京都 ● 共学校

青稜（せいりょう）高等学校

「社会に貢献できる人間の育成」を建学の精神として掲げる青稜高等学校。その歴史は前身の「青蘭学院」が創立された１９３８年にさかのぼります。東京における私立学校として女子高等教育の先駆けとなった同校は、１９９５年より現在の校名に変更するとともに男女共学校となりました。今回は、青田泰明校長先生にお話を伺いました。

時代の変化に合わせて変化する学校

本校は、84年前の創立当初から「社会に貢献できる人間の育成」を建学の精神として掲げています。この「社会に貢献できる」という意味は、当然ながら時代によって大きく異なります。

そこで、この建学の精神を現代的に解釈して、分かりやすく示したのが、「Challenge（挑戦）」「Change（変化）」「Contribution（貢献）」の3Cです。

地球規模の大きな変化が起こる今の時代にあって、生徒には、挑戦的で変化を楽しめる人間になってほしい。そして、その挑戦や変化が社会に貢献できるものであってほしいと考えています。

これが、青稜の考えるこれからの「社会に貢献できる人間の育成」です。

帰国生と国内生との相乗効果を目指して

元々、2月の一般入試の際に加点する方式で帰国生の受け入れを行っていました。

しかし、東京の私立校はその性質上、同じような家庭環境の生徒が集まりやすく、多様性の中で生まれる化学反応が起きにくい傾向があります。

そこで、いろいろな環境や文化の中で刺激を受けてきた生徒に活躍してほしい。そのような生徒にぜひ来ていただきたいという思いから、6年前から帰国生の受け入れ態勢や入試制度の改革を行ってきました。

現在は上海などの現地入試と帰国後の東京入試を組み合わせ、より海外生や帰国生が受験しやすい入試を実施しています。

また、コロナ禍にあって受験の機会が限定される中でも、子どもたちのチャレンジの機会を設ける目的から、一早くオンライン入試も導入しま

ネイティブの教員も常駐。希望に応じてハイレベルな英語の授業が受けられます。

した。Web上で国語、数学、英語の試験を出題する形式で、今年も多くの生徒に受験していただきました。

英語圏からの帰国生が増えたことに伴って、外国語の授業では、上級クラスである「POP（Pull-Out Program）」を設け、国公立や難関私立大学はもちろん海外大学を志望する生徒たちにも対応しています。

海外で経験してきた文化との違いや学校生活の違いに戸惑う生徒には、英語科と国際教育部の教員がメンターとなって相談に乗っています。

難関大学・海外大学への進学をサポート

本校の特徴的なプログラムが、独自の自学自習システム「Sラボ」です。

どんなにやる気のある生徒でも、部活動で疲れて帰った後に家で復習するのは難しいものです。自宅はテレビや漫画などの娯楽もあって集中しにくい環境でもあります。

そこで、学校の中で勉強を完結できる仕組みとして、放課後の空き時間を活用した自習制度を整えました。学習計画の立案から進度の確認まで、専任の講師がサポートします。

さらに、放課後講習や長期休暇特訓講習、最難関講習など、各自の志望校に応じた学習プログラムの選択肢は数多く用意しています。

2021年からはダブルディプロマ・プログラム（DDP）も開始しました。これは、通常の高校のカリキュラムと並行して、米国の大学への進学に必要な単位を修得できるプログラムです。DDPに在籍する生徒の3分の1が帰国生で、彼らの存在が国内の生徒が海外に目を向けるきっかけとなっていると感じています。

海外での経験を自分の強みとして

本校に通う帰国生はチャレンジングで、新しいことや知らないことに対して前向きな子が多い印象です。挑戦する最初の一歩に対するハードルが低いのだと感じます。

そうした良さは多くの場合、自分では気づけないものですが、帰国した後に海外での経験が相対化され、自分の経験が貴重だったことに気づくと一気に伸びていきます。

海外生活は後からふり返ると絶対に宝物になるはずです。海外で培った心の強さや基礎が自分の強みとなります。

まずは健康に気を付けて、目の前のことをがんばってください。そして、高校受験ではぜひがんばった成果を発揮していただきたいです。

青田（あおた） 泰明（やすひろ） 校長先生

スクールインフォメーション

所在地：東京都品川区二葉1-6-6
アクセス：東急大井町線「下神明駅」徒歩1分／JR京浜東北線・りんかい線「大井町駅」徒歩7分／JR横須賀線「西大井駅」徒歩10分
TEL：03-3782-1502
URL：https://www.seiryo-js.ed.jp/

2021年3月　おもな合格実績

東京工業大…1名／一橋大…2名／東京外国語大…2名／早稲田大…16名／慶應義塾大…11名／上智大…21名

資料複数を読み解き思考力を問う問題頻出の共通テスト

中学生の未来のために！
大学入試ここがポイント

いま、高校を選ぶとき大学進学までを見通して選ぶ時代が来ているといわれます。
それを聞いて大半の中学生のみなさんは「えっ、早すぎるよ」と思ったかもしれません。
でも考えてみれば「自分がやりたいこと」を想像し、そこから逆算するなら、
この考え方は当然のことではないでしょうか。

NEWS

難化していた 2回目の共通テスト

大学入試センターは、1月に実施した大学入学共通テスト（以下、共通テスト）での各科目平均点の最終集計をまとめ、発表した。

共通テストは、前身の大学入試センター試験（以下、センター試験）から改められ、2021年1月に初実施されてから2回目。平均点は初実施の前年と比べて下がった科目が多く、難化がめだつことになった。

入試制度の変更や学習指導要領の改正が行われた直後のセンター試験は、これまでも易化し、その反動からか2年目は難化することが多く、今回もそれを踏襲する形となったが、「それにしても過去になく難しかった」という印象だ。

難化し平均点が下がったのは理数科目が中心。

昨年の第1日程平均点より「数学Ⅰ・A」が19・72点も低い37・96点、「生物」は23・83点低い48・81点と大きく下回った。

そのほか「数学Ⅰ」「生物基礎」「化学」「日本史B」「フランス語」を合わせた7科目については、1990年1月に前身のセンター試験が行われるようになってから、それぞれ過去最低の平均点となった。

国語に限らず他の科目でも、前年同様、複数の資料を読み込ませるなど読解力、思考力を問う出題が多かった。

共通テストの主題として 思考力を問うことに重き

もともと共通テストへと改められた理由の1つに、知識量や暗記だけでは解答できない、その場の思考力や判断力を試す試験への脱却があり、今回もその主題に沿った出題がその特徴といえた。

共通テストの特徴は新聞掲載（1月16、17日朝刊）やネット上の問題見本から中学生でもうかがい知ることができる。以下に国語、数学、英語の特徴を並べた。

【国語】

現代文でも古文でも、2つの文章を読んで、問いに答える形の出題が目を引いた。複数の文章を比較し、共通点、相違点を考察しながら読み解く力が試された。

【数学】

平均点が38点弱と難化した「数学Ⅰ・A」では、会話文で考察のヒントを与える出題が多かった。また三角比の表を用いて角の大きさを考えさせ、グラフ表示ソフトで数式の数値を変えたら画面のグラフはどのように変わるかなど、新たなタイプの問題も出た。

【英語】

リーディングでは、動物園のウェブサイト、図書館利用方法のポスター、家電購入に関するブログ記事など身近な話題を扱った。語数は前年より約500語増えた。

なお、今回の共通テスト追・再試を含む実受験者数は48万8384人で、受験率は92・08％。

東大入試突破への現代文の習慣

東大入試を突破するためには特別な学習が必要？　そんなことはありません。身近な言葉を正しく理解し、その言葉をきっかけに考えを深めていくことが大切です。田中先生が、少しオトナの四字熟語・言い回しをわかりやすく解説します。

早稲田アカデミー教務企画顧問
田中としかね

東京大学文学部卒業
東京大学大学院人文科学研究科修士課程修了
専攻：教育社会学
著書に『中学入試 日本の歴史』『東大脳さんすうドリル』など多数。文京区議会議員、第48代文京区議会議長。文教委員長・議会運営委員長・建設委員長を歴任。

田中先生の「今月のひと言」

「全体」を把握・見通したうえで、「部分」について指摘しています

今月のオトナの四字熟語

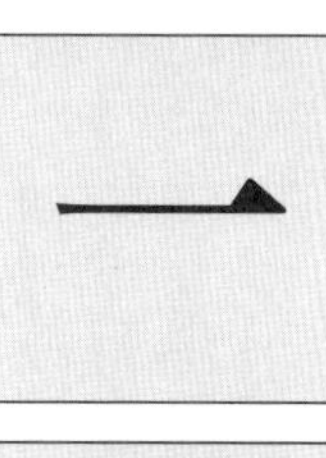

表裏一体

「先生！　前に言っていたことと違いますよ！　どちらが正しいのですか？」

長年、生徒指導を続けている私ですが、まれにこうした指摘を受けることがあります。授業の内容ではありませんよ。前回教えたことと今回教えた内容が食い違っているなどということは、プロとしてあってはならないことですから。

そうではなく、生徒への「学習アドバイス」について、「前に受けたアドバイスと話が違っている！」という指摘なのです。

もしこれが、中学生になったばかりの1年生へのアドバイスと、受験期を迎えた3年生へのアドバイスとで、指導する先生の「顔つき」も含めて違っているという話ならば、理解もできると思います。いつもニコニコ優しい顔で接してくれていた先生が、ほんの少しの気の緩みも見逃さない厳しい指導をするようになった、という場合ですね。同じ先生なのにタイミングによって態度が変わるわけですから、「前と違う」という指摘には当てはまるでしょう。でもそれでは、「アドバイスの内容」が違うという話にはならないのかもしれませんね。少し想像してみました。私が以前に何らかのアドバイスをしたとして、そしてその「先生からもらったアドバイス」を大切に胸に刻んできた生徒がいたとして、そこで「以前とは相反するようなアドバイス」をあらため

て私から投げ掛けられたとしたら……当惑するのは当たり前だと思います。さらに想像すると、「先生、話が違います！」と直接口に出して伝えてくれた生徒はごく少数で、心の中でそう思っていた生徒はもしかしたら多くいたのではないか？　と、そんな思いに至ったのです。「これは皆さんに趣旨を説明しなければ」と考えた次第です。

具体的に解説するのがいいでしょう。私が同じ生徒に対して与えた、異なったアドバイスについてです。定期テストを前に問題演習を繰り返すことに躍起になっていた生徒に対して、「問題をやみくもに解くだけではだめだよ。理解を深めなければ。納得できるまで解説をしっかりと読むことを心掛けて。問題を解いた数は気にしなくてもいいから」と助言しました。その後、解説を読むことに注意を払うようになった生徒に対して、あらためて与えたアドバイスが次になります。「わかったつもりになっているだけではダメだよ。演習を繰り返さなければ。実践の中での気付きこそ重要なのだから、演習量をちゃんと確保して」というものです。確かにこれを同じ日に言われたら「どっちが正しいのですか？」と悩みますよね。でもこの指摘は、同時に行われてもおかしくない「表裏一体」のものだと理解してほしいのです。

「表裏一体」は「ひょうりいったい」と読みます。「二つのものが、表と裏のように切り離せない関係にあること」を意味し「相反するもの同士が実は一つであること」を表現しています。英語にするとイメージがつかみやすいですよ。「two sides of the same coin」になります。「two sides」は「二つの面」つまり「両面」を意味し、「the same coin」は「同じコイン（硬貨）」という意味です。すなわち「同じコインの表と裏」という意味になるのですね。

ただ数多く問題を解くだけでは「理解すべきテーマ」をつかみ損ねてしまいます。きちんとした解説のもとに「基本的なルール」を身につける必要があるのです。一方で、複数の問題を解くことで、そこに共通点（＝ルール）を見出し、「一般的な結論（＝テーマ）」を導き出すことも可能です。自分でたどり着いた「テーマ」は、身につくこと請け合いですから。生徒にどちらのアドバイスをするのかというのは、生徒の学習状況次第ですし、どちらが正しいというものでもないのです。コインという「全体」からみれば、「表」であっても「裏」であっても、それらはどちらも同じ「部分」だということができます。場合によっては、どちらを「表」にするのか「裏」にするのか、選ぶことも必要になります。それでもコインという「全体」は、「表」だけでも「裏」だけでも成り立ちません。両方必要なのです。

われわれ教師は、生徒の学習状況全体を把握し、そのうえで、ピンポイントの指摘を行います。「今一番効果的なアドバイス」を心掛けるからです。「入試の過去問なんて、やらなくていい！」と言う場面もあれば、「入試の過去問だけやればいい！」と言う場面もあるのです。「計画的に、決められたことを、順序良くやりなさい！」と言う場面もあれば、「優先順位を変えて、時間を度外視してでも、やりきりなさい！」と言う場面もあるのです。決してその場の思いつきで発言しているのではありません。ある水準では「よし」とされることでも、より高次の視点から見れば「だめ」だということがあります。逆もまたしかりで、ある水準では「だめ」だとされることでも、より高次の視点では「よし」ということもあるのです。

生徒の成長が著しい場合、アドバイスを与える間隔がつまってしまい、「前と違う！」という経験をすることもあるかもしれません。でもそれは、「より高次」の助言が与えられた！　と理解してくださいね。皆さんの成長を見通したうえで、われわれはアドバイスを授けているのですよ。

今月のオトナの言い回し

ハンチング

「先生、物語文の中に『ハンチング帽』って出てきたのですが、それは何ですか?」時間さえあれば「読書」を心掛けている生徒からの質問です。ただし「ライトノベル」が中心です。「物語文とか言っているが、推理小説か何かを読んでいたのだろう！」「先生、よくわかりましたね。登場人物が被っていた帽子です」

「ハンチング帽」というのは、19世紀半ばからイギリスで用いられるようになった狩猟用の帽子のことです。日本語では「鳥打ち帽」と訳されることもあります。生徒が質問したかったのは「なぜハンチングという表記がされるのか?」ということだったようです。狩猟用ということであれば「ハンティング」が正しいのではないか？　という疑問です。これは日本語の「なじみ」(慣れ親しみ、不自然な印象がないこと)の問題で、「プラスティック」が正しくて「プラスチック」は誤りだ、ということでもないのと同様に、「ハンチング帽」とこれまで表記がされてきたのですね。

また、どうして「ハンチング帽」が「探偵っぽい雰囲気」を示す小道具になったのかといえば、もちろんコナン・ドイルの小説の登場人物シャーロック・ホームズが被っていた帽子が「鹿撃ち帽」だからですよね。この小説の挿絵の中で描かれた「ハンチング帽を被ったシャーロック・ホームズ」というスタイルが、探偵のイメージとして世間に流布されることになったのです。

さて「ハンチング」は「狩り」のことですが、「鳥打ち」や「鹿撃ち」というように、鳥や小動物を「捕獲する」という意味です。そこから「狩り」の用法を広げて、獣だけではなく果物などを「採集する」という意味でも使われたりします。「いちご狩り」や「ぶどう狩り」や「きのこ狩り」という言い方ですね。また「潮干狩り」も、この採集するという意味で理解できるでしょう。そしてこうした「自然の中で何かを探し求める」という意味の延長線上に、自然を「観賞する」という内容も含まれて、「紅葉狩り」や「蛍狩り」という言葉が成立するのでしょう。「蛍狩り」は、昆虫採集ではありませんからね。蛍が闇のなかで微かな光を放ちながら飛び舞う姿を愛でる行為なのです。

その研究が未来を拓く

研究室にズームイン

東京大学大気海洋研究所
海洋生命科学部門　行動生態計測分野

佐藤克文（さとうかつふみ）教授

データロガーを用いた海洋生物の研究

中学生のみなさんにはあまりなじみがないかもしれませんが、日本には数多くの研究所・研究室があり、そこではみなさんの知的好奇心を刺激するような様々な研究が行われています。このコーナーではそんな研究所・研究室での取り組みや施設の様子を紹介していきます。今回登場するのは、データロガーという小型の記録計を使って、おもに海洋生物の調査・研究を行う佐藤克文教授です。

写真提供：佐藤克文教授

「宿題」が山積みだからこそおもしろい研究とは?

「海のなかにはまだまだ知らない世界が広がっています。そんな謎多き世界を解き明かしていく、いわば『永遠に宿題がある』ところが、この研究のおもしろさです」

そう語るのは、バイオロギングという手法で、おもに水中で生きる動物の研究をしている東京大学大気海洋研究所の佐藤克文教授です。

「水中の動物を観察したいと思っても、人間が四六時中潜り続けることはできません。その代わりデータロガーという小型の記録計を動物の身体に取りつけて、動物には自由に過ごしてもらい、ある程度経ってからそれらを回収、取れたデータを分析していく。いわば『人間が取れないデータを動物自身に取ってきてもらう』のがバイオロギングです」

本来動物に関する研究を行う場合、調査対象の動物はある程度絞るものなのだそう。ところが佐藤教授は、対象は決めないという、ユニークな方法で研究を進めています。

「私の研究は、まずデータロガーを作るところから始まり、それをどの動物に装着するのがいいかを考えていきます。できることならすべての動物につけてみたいので、研究対象は哺乳類、鳥類、爬虫類……と多岐にわたります。こういった手法で研究を進めている人はほとんどいないので、周囲には異色な存在だと思われています(笑)」とにこやかに話される佐藤教授。ときには海外の研究者と協働しながら、世界中の海で動物の調査に挑んでいます。

釣りに端を発する研究者への道

幼少期から昆虫や恐竜など生物全般が好きで、小3で釣りを始めてからは、『釣りキチ三平』という釣りの漫画をひたすら読み漁っていたそう。この漫画との出会いが、進路選択、さらには現在の研究者生活につながったのだといいます。

佐藤 克文(さとう かつふみ)

京都大学大学院農学研究科博士課程修了後、国立極地研究所での勤務などを経て、2004年に東京大学海洋研究所・国際沿岸海洋研究センターの助教授として着任。2014年より現職。

キングペンギンの群れと佐藤教授

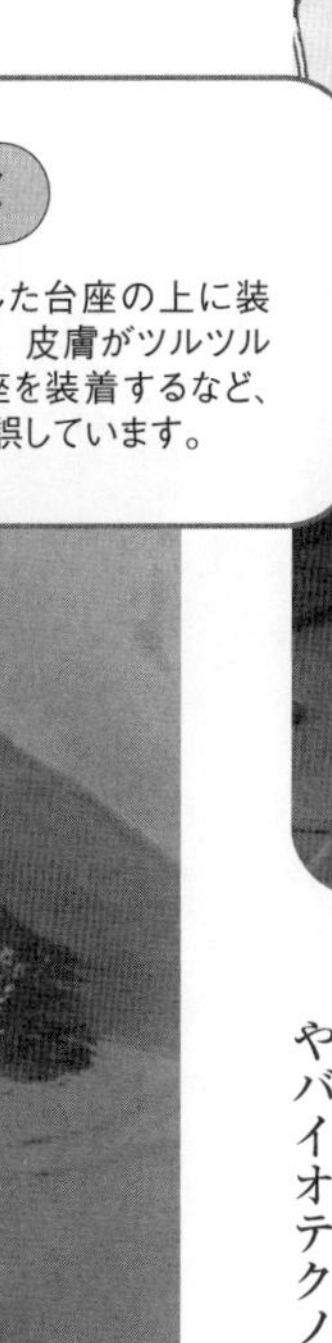

ウミガメ

エポキシ樹脂という素材で接着した台座の上に装置を乗せたウミガメ㊦。そのほか、皮膚がツルツルしているクジラには吸盤型の台座を装着するなど、動物によって装着作業も試行錯誤しています。

「漫画のなかに、主人公が毛鉤という疑似餌を使い、どんな色の毛鉤を使えばヤマメがよく反応して釣れるのか、実験するシーンがあります。それがずっと印象に残っていて、高校生になり進学先を選ぶ際は、水産学科がある京都大学の受験を決めました。水産学科に入れば、そうした実験ができると思ったんです。

しかし実際に入学すると、想像していたような研究はまったく行われておらず……。ちょうど分子生物学やバイオテクノロジーの研究を水産学の分野にも取り入れようという動きが始まったばかりで、主流は魚や微生物のDNA分析などだったんです。

正直、入る学部を間違えたと思いました（笑）。動物の行動に関して学びたいなら水産学ではなく、動物行動学について学べる学科を選ぶべきだったんです。当時、動物行動学者として著名な日高敏隆先生が理学部で教鞭をとられていたので、そちらに入るべきでしたね」（佐藤教授）

とはいえそこで落胆することなく、農学部水産学科の講義を受けつつ、興味のある理学部の講義（動物行動学など）も受けることで、充実した日々を過ごしていたそうです。

転機が訪れたのは大学4年生のとき。4年生から所属した水産物理学研究室に、ウミガメの背中にデータロガーをつけて動きを調べる研究に取り組んでいた先輩がいたのです。対象は魚ではないものの内容はまさに佐藤教授が挑戦したいと思っていた研究そのもの。これがバイオロギングとの出会いでした。

「先輩がウミガメの研究をしていたのは、国立極地研究所の内藤靖彦先生からの依頼があったからです。内藤先生は多種多様な装置を自分で作り、バイオロギングの世界を切り拓いたパイオニアです。アザラシやペンギンの調査用に制作したデータロガーを南極に持参する前に、国内でテストをしたいということで、旧知の仲だった私の指導教員の先生に依頼があったのです。

水産物理学研究室は普段から動物の行動に関する研究をしているわけではなく、通常は海の環境と生態系のかかわりなどを扱っています。私も当初は舞鶴湾（京都）におけるイワシの漁獲変動を調査していたので、ウミガメの研究と出会えたことは幸運な偶然でした」（佐藤教授）

ウミガメがもたらした思いもよらない発見

そんなラッキーな出会いによって、念願かなって動物の行動に関する研究を始めた佐藤教授は、まずウミガメに深度記録計と温度計をつけて、潜る深さや食べるエサの量を調べようと考えました。産卵期になると約2週間の間隔で同じ砂浜にあがってくる習性を活かして、装置の装着と回収をしようと試みたのです。

1年目の挑戦はウミガメが戻らず失敗。このままでは諦めきれないと大学院に進み、研究を続けます。最初は悔しさから意地になっていた部分が大きかったそうですが、どうしたらうまくいくのか考えるうちに、楽しさの方が勝るようになっていったといいます。やがて3年ほどの歳月を経て、ようやく装置の回収に成功したものの……。

「せっかくデータが取れたのに、わかったのは『産卵期はエサを食べていない』ということでした。水面に浮かんでいたウミガメが水中に潜ってエサを食べたら、冷たいもの（エサ）がお腹に入る分、胃の中に入れた温度計の数値が下がるはずなのに、その様子がなかったんです。ただ、データを別の角度から見ると、とてもおもしろいことがわかりました。カメは気温や水温などの変化に伴い、身体の温度も変化する変温動物です。みなさんもそう学校で習ったのではないでしょうか。それなのに私が見たデータでは体温はずっと高く保たれていて、まるで恒温動物のようだったのです」（佐藤教授）

これに関係しているのはウミガメの身体の大きさです。例えば、冬に自動販売機で温かい飲みものの缶を大小1つずつ購入して寒空の下に置いておくと、先に冷えるのは小さい方です。カメにも同じことがいえて、ウミガメは身体が大きい分、冷えに強く体温が変化しなかったのです。

こうした研究は動物行動学というより、生理生態学の要素が強いそう。

「ただ漠然と『動物に関する研究といえば動物行動学だろう』と思い込んでいましたが、いざ取り組むと、生理生態学には生理生態学のおもしろさがありました。もし私が魚の研究しかしたくないと考える人間だったらウミガメの研究をすることも、研究者の道に進むこともなかったでしょう。この世には自分が知らないだけで意外とおもしろいことがごまんとあると思います」と話される佐藤教授。柔軟な思考と飽くなき探究心を持ち「出会った対象にその都度一生懸命向きあって、色々と工夫していくうちに、研究の楽しさに目覚めた」といいます。

ペンギン

地上のエンペラーペンギン㊤と水中のキングペンギン㊦。前者はデータロガーをつけた様子、後者はフリッパーを羽ばたかせずに泳いでいる様子です。

装置の開発にも携わり 世界各地で調査に挑む

さて、バイオロギングに欠かせないデータロガーは、佐藤教授が大学生だったころは、まだ温度と深度を計測できるものしかありませんでしたが、いまでは遊泳速度や動物のヒレの動き、心電など多様な情報が記録できるものが完成しています。

佐藤教授は、「研究員として極地研究所に移籍した際、内藤先生が在籍する研究室に入り、ともに色々な装置の開発に携われたことは、私にとっても大きな財産です」と話されます。

高校から大学まで続けたサッカーで培った体力を活かして、開発した装置のプロトタイプ（試作品）を様々な土地で、様々な動物にテストするために、世界各地を飛び回っていました。そのとき開発した装置のなかで、とくに画期的なものの1つが「加速度記録計」※だといいます。いまではバイオロギングの分野で当たり前に使われている加速度記録計。それ

※一定時間のなかで速度が変化していく様子を計測する記録計

を世界で初めて動物に装着したのが、佐藤教授たちなのです。

装着したのはインド洋に浮かぶクローゼー諸島で繁殖するキングペンギンです。当初調べようとしていた水中でのポジション（位置）はわからなかったものの、いつフリッパー（翼）を動かして、いつ止めているかがわかるという思わぬ収穫がありました。これはフリッパーを動かすことで身体が揺れると、加速度記録計にも動きがあるためです。

「ペンギンは水中にエサを探しにいくとき、フリッパーをパタパタとばたつかせて３００ｍほど潜ります。そしてエサを食べたら浮上しますが、まだ水面に上がりきっていないのに、深さ60ｍほどのところでばたつきが止まるんです。

開発したての装置だったので、最初は間違ったデータが取れてしまったのかと思いました。しかし何度確認しても正しいので調べてみると、ペンギンは60ｍほどの深さからグライダーのようにフリッパーを広げたまま、ピューっと飛び上がって海面に上がってきていることがわかったんです。新しい装置を作ったら、それが予想外の発見をもたらす現場に立ち会うことができて、ますますこの世界にどっぷりとはまっていきました」（佐藤教授）

臨機応変がカギとなった親子アザラシの調査

もう1つ印象的だったという装置「カメラ」にまつわるエピソードも紹介しましょう。各データから動物が不思議な動きをしていることがわかると、今度はそのときの周辺状況も知りたいと思うようになった佐藤教授は、カメラのプロトタイプを作り、南極越冬隊として昭和基地に滞在しました。

ここではウェッデルアザラシが水中でどんなエサを食べるのか調べるため、背中にカメラと深度記録計を装着しました。ところが本来１００ｍ以上潜るはずなのに、記録計を確認しても、10ｍほどしか潜っている様子がありません。カメラに写っているのも海面に浮かぶ氷ばかり。そこで佐藤教授の脳内によみがえる、ウミガメ研究時の苦い記憶……。

「またうまくいかないのか、これは困ったと頭を抱えましたが、そのとき装着していた母アザラシの近くに寝転がっていた子アザラシにも試しに深度記録計を装着したところ、これが功を奏しました。親子の潜水記録を重ねたら、それがぴったり一致して、10ｍほどの潜水を何度も繰り返していたのです。

もしや親子がいっしょに泳いでいるのではと、それまで前向きにつけていたカメラを後ろ向きにつけ替えました。すると、人間のカメラマンには撮影できないような、母アザラシのすぐ後ろをついてくる子アザラシの姿が映っていたのです。それまで動物が潜水する目的は『エサをとる』のみだとみんな思い込んでいましたが、『子どもに泳ぎを教える』という目的もあるという、新たな発見がありました」（佐藤教授）

そして次第に３００ｍほど潜るようになったためカメラを前向きに戻したところ、今度は３００ｍ潜ったところで、細長い魚をパクっと食べる瞬間が撮れていたそう。

機転を利かせたことで調査は無事成功。授乳期初期の母アザラシは脂肪を蓄えているためエサを食べる必要がなく、絶食しながら子どもに授乳し続けることがわかりました。さらに、そのうち子どもが大きくなるにつれて、蓄えていた脂肪がどんどんなくなってくるため、母アザラシ

ウェッデルアザラシ

母アザラシの後ろを泳ぐ子アザラシの様子をカメラがとらえました㊤。体重400kgもある母アザラシへの装置装着は、数人がかりで行います㊦。なお、扉ページにいるのが、カメラを前向きに装着している母アザラシです。

は自分のエサをとるために、深く潜るようになることなども発見。

「最初に期待していたことはわからなくても、まったく別方向に花開くこともあります。このときもカメラをつけたのはどんなふうにエサを食べるのか知るためでしたが、それ以外の副産物も得られ、思った以上に使い道があると感じました。

成果を得るためには、性能のいい装置を開発することも大切ですが、対象動物の習性や形に応じてベストな装着方法を考案できるかも重要です。いくらいい装置を開発しても、現場でそれを上手に活用できなければ、意味がありません。

じつはあのとき、ウミガメが戻ってきてくれなかったのも装置のつけ方がよくなかったからなんです。最初は装置をつけるために、カメの甲羅に傷をつけてしまったので、改良を重ね、カメに負担が少ない方法で装着すると、戻ってきてくれるようになりました」と語られる佐藤教授。現在も、多様な装置の開発が進んでいます。

可能性は無限大 気象予測への応用も

これまで多彩な調査を行ってきたなかで一番印象に残っているものを尋ねると、「ベストをあげるのは難しいですが、しいてあげるなら、ペンギンとクジラがどちらも秒速2mで泳いでいることを解明したことです」との回答が。

遊泳速度を計測するデータロガーが開発されたことによって、動物の速度を比較できるようになりました。そこで佐藤教授はペンギンとクジラの速度を計測したところ、身体の大きさがまったく異なるのに、同じような速さで泳いでいたことがわかりました。

「身体が大きい動物の方が早く泳ぐと思っていたのに、まさか同じとは意外でとても驚きました。理由を調査したところ、速く泳ぎすぎると水の抵抗が大きくなって疲れてしまう、反対に遅く泳ぎすぎると目的地にたどりつくまでに時間がかかってしまうため『秒速2m』が速すぎず遅すぎず、動物たちにとっては一番効率のいい速さだったんです。

そうした謎が解けたときは、本当に嬉しくなりますね。これは複数の動物を比較した結果わかったことなので、対象動物を絞らない私ならではの発見だと気に入っています」（佐藤教授）

このように、様々な謎を解き明かしていくバイオロギングが、現在、気象予測に役立つ可能性が出てきています。

佐藤教授の研究室では、鳥の背中に記録計を装着して、飛翔行動を調べる実験を行っていました。鳥の調査では風は重要な要素となるものの、気象データとして公表されているのは1日2回ほど。もっと現場の風の情報がほしいと考えていたところ、ある大学院生が「鳥の飛び方を解析することで、現場の風がわかる」ことを発見したのだといいます。

鳥は向かい風では遅く飛び、追い風のときは早く飛ぶので、データを解析していくと、「このときはこんな飛び方をしているので、こういう風を受けていた」ことが推定できました。しかもその数値と人工衛星で観測される風速を照らしあわせてみるとよく似ていた、つまり、信憑性が高いということです。

「さらに鳥は海上で波に揺られることもあるので、その挙動を観測すれば、波の高さもわかります。私たちは動物の行動を理解したいという思いで色々なデータを取っていますが、それは気象の研究に携わっている方々からすると、とても貴重なデータだったんです」（佐藤教授）

最近は、ウミガメに人工衛星発信機型の装置をつけて水温を計測する

カメやペンギン、アザラシ以外にも、鳥やワニ、チーターなど、多岐にわたる動物にデータロガーを装着し、動物の調査を行っています。

など、気象学の研究者と共同研究も行っています。これまで人工衛星で測定していた水温は、海の表面水温しかわかりませんでした。一方、ウミガメが潜るたびにその場の水温が人工衛星経由で送られてくるため、水温予測の精度が上がることが期待されています。

「バイオロギングが気象の研究に役立つとは、思いもよらぬ副産物でした。ウミガメの研究がなんの役に立つのかと言われてきましたが、ウミガメのおかげで天気予報の精度がよくなる時代がくるかもしれません。そこからウミガメ保護に協力してくれる方が増えると嬉しいですね」と佐藤教授。

やはりウミガメには特別な思いがあるそうですが、「まだデータロガーをつけられていない動物もたくさんいますから、この動物が一番すごいというのは決められません。私から言えるのは『どの動物もおもしろいですよ』ということです。これから先も、多くの動物から予想外の結果が得られると思うとワクワクします」とも話されます。

次世代の研究者と連携しながらの研究が夢

また、佐藤教授はバイオロギングで得たデータを、だれもが見られるような形で公開する「データベース」の作成も進めています。

「そうすれば、ほかの研究者が別の視点からデータを解析して、研究成果をあげてくれるかもしれません。それに私はみなさんのような若い学生さんが、課題研究などに役立ててくれることも期待しています。

バイオロギングは、データを回収して終わりではなくて、そのデータをどう活かしていくかによって、得られる成果が変わってきます。どう活かすかはセンスが問われるので、ぜひ若い人の自由な発想で研究してもらいたいです」と佐藤教授は話されます。

そうしたセンスを磨くためには、「すぐ周りの人に聞くのではなくて、まずは自分で色々と考えてみること」が大切なのだそう。様々に考えをめぐらせることがそのまま自分の力やセンスとして身についていくのだといいます。

まだまだ多くの可能性を秘めるバイオロギングの世界。最後に、中学生のみなさんへのアドバイスとメッセージをいただきました。

「私は前述の通り、高校・大学と、サッカー部を続けたことで十分な体力が身につきました。加えて、日々の努力をサッカーの試合で出しきり、いい結果を得た経験を積み重ねたことで、いまも『この努力がいつか実を結ぶ』という思いで研究に臨めています。これは運動部に限ったことではなく、吹奏楽部や美術部など、文化部の方にも通じることだと思うので、みなさんにも部活動は続けてほしいです。

勉強面では基礎的な学問、とくに論理的な思考が必要になる国語と数学の勉強をコツコツと頑張ってください。論理的に物事を考えて、考えたことを周りの人に伝えるというのは、すべての基本だと思うからです。あとは、本をたくさん読んでほしいですね。

今後は長い時間をかけて、カメなど、寿命の長い動物の生活史を明らかにしたいと考えています。また、日本に生息する動物たちの減少を食い止めて、増加に転ずるような活動もしていきたいです。

どれもこれも、私が1人でできることではなく、次の世代にバトンタッチしながら、こうした研究が続いていってほしいと思っています。みなさんのなかに動物が好きな方がいたら、ぜひ『次の世代』として、我々の研究の仲間になってくれたら嬉しいです」（佐藤教授）

「みなさんが大人になるころには、テクノロジーがもっと進歩して、装着できる動物の種類や、装置の数がぐっと増えていると思います。それを次の世代がどう『料理』してくれるのか、いまから楽しみです」

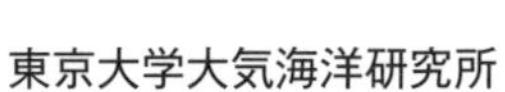
東京大学大気海洋研究所

所在地：千葉県柏市柏の葉5-1-5
ＵＲＬ：http://www.fishecol.aori.u-tokyo.ac.jp/sato/

早稲田アカデミー大学受験部の授業には、「生徒自身」「講師」「仲間」が集う三位一体の学習空間があります。
また、目指すゴールが違えば、そこに至るまでの道も違います。
志望校や習熟度に合わせた細かなクラス編成で密度の高い指導を行うとともに、
授業を担当する講師が学習の進捗や定着度を把握し、目標達成まで「やり切る」ためのサポートをさせていただきます。

学びのシステム

講師による学習管理

早稲田アカデミーの授業では、新しい単元は講師が丁寧な「導入」を行います。大量の予習が課されることはありません。生徒が理解したことを確認して「問題演習」に入り、演習の後はしっかり解説。その日の学習内容を振り返ります。

また、毎回の授業で「確認テスト」を実施し、前回授業の定着度を測ります。理解を確かめながら“スモールステップ”で学習を進めるので、着実に力を伸ばすことができます。弱点が見つかった場合は、必要に応じて講師が個別に学習指導。「わからない」を後に残しません。

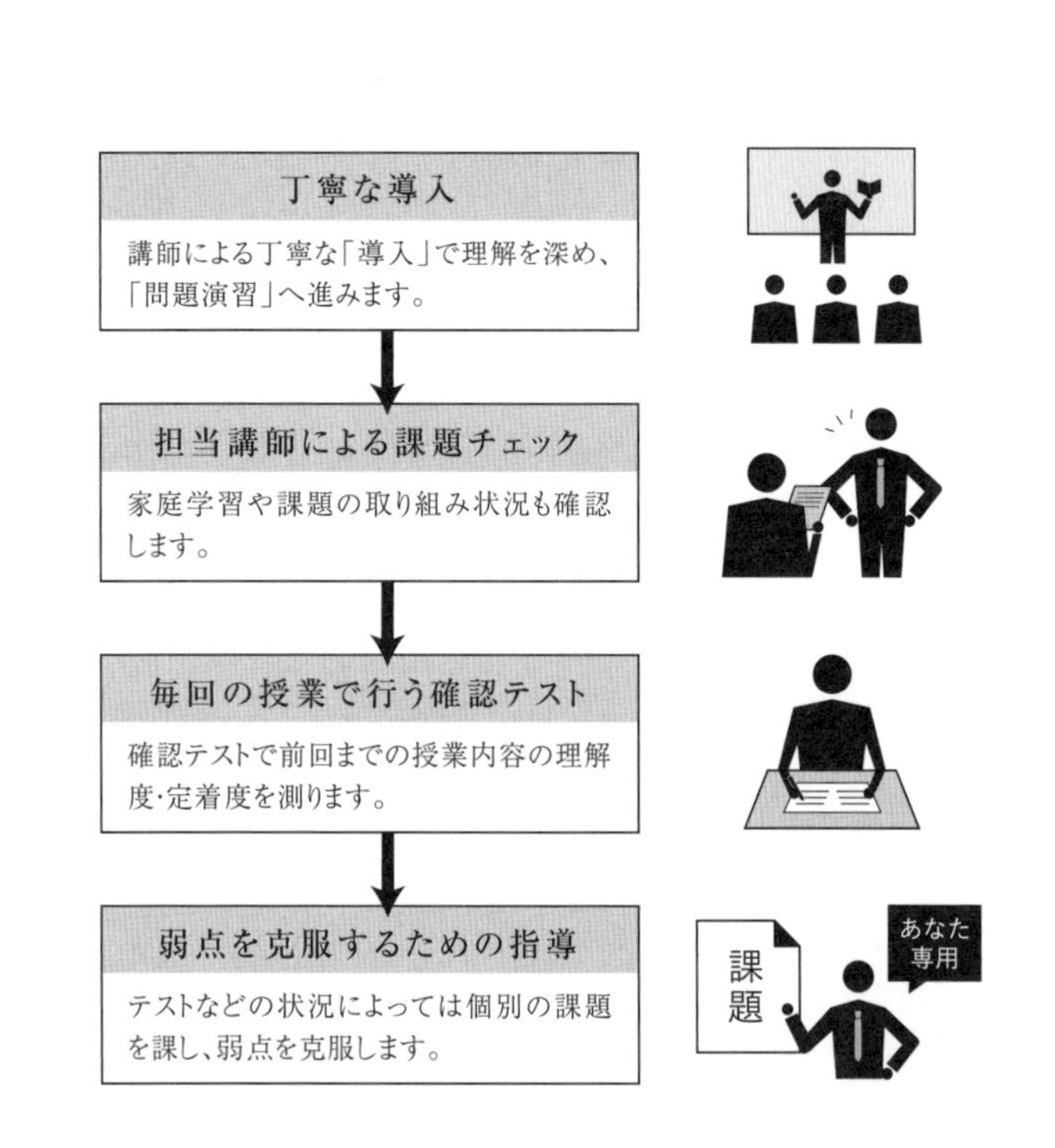

東大生リトのとリトめのない話

入学後に学部・学科を選べる「進学選択制度」の魅力

文科三類から理系学部へ進学

はじめまして。今月からこのコラムを担当することになった北海道生まれ、神奈川県育ちの新3年生・リトと申します。小2から現在までずっと水泳を続けていて、東大でも水泳部に所属しています。

さて、いきなりですが、質問です。みなさんは東大の「進学選択制度」、通称「進振り」のことを知っていますか？　私が東大をめざした理由の1つにも、この制度が魅力的であったことがあげられます。

一般的に大学は、学部・学科を選んで受験します。しかし東大は、1・2年生は全員が教養学部で幅広く学んだうえで、2年生の夏に、3年生から専門的に学びたい学問（学部・学科）を選びます。このように入学後に進みたい学部・学科を選べるのが「進学選択制度」です。

教養学部のなかには、文科一類、二類、三類、理科一類、二類、三類と、計6つの類があり、いずれかを選んで受験します。そして類ごとに、どの学部に何人進めるかが決まっていて、例えば文科一類は法学部、理科三類は医学部の定員数が多く、それぞれの学部に進みやすいということになります。

なお、各学部には定員があるので、申し込み者が多いと成績優秀者から希望の学部に配属される仕組みです。もし第1希望がかなわなかった場合は、再度志望学部を選択し、第2希望も同様に成績順に決定します。

私が入学したのは文学部や教育学部などに進みやすい文科三類です。じつは当初は、大学では心理学について詳しく勉強したいと思っていたので、文学部社会心理学専修や教育学部心理学

リトのプロフィール

東大文科三類から工学部システム創成学科Cコースに進学（いわゆる理転）をする東大男子。プログラミングに加え、アニメ鑑賞と温泉が趣味。

プログラミングに挑むリト

教育心理学コースに進もうと考えていたんです。

ところが、春からはそれらではなく、工学部システム創成学科のCコースに進むことを決めました。この進路変更には1年生の春学期に履修した「初年次ゼミナール」が大きく関係しています。初年次ゼミナールは1年生が必修の講義で、多彩な分野（全10種ほど）から好きなゼミを選び、毎週、様々な課題に取り組んでいくものです。

ゼミでの学びで気づく本当に学びたいこと

私が選んだ心理学のゼミでは、あるとき、班ごとにテーマを決めて心理学に関する実験を行うことになりました。そこで我々がテーマにしたのは、人々が物事をどうとらえ、そのとらえ方と知識がどのように関連しているか、といったことです。

それを調べるために行ったのが、ステレオタイプ（※）を意識することで、本来はそうではないのに、ステレオタイプと同じ方向へ進んでいってしまう「ステレオタイプ脅威」にまつわる実験です。例えば、「女性の方が数学が苦手」というステレオタイプを意識したうえで男女が同じ数学のテストを受けたときに、実際に女性の点数が下がってしまうというような現象のことをいいます。

我々は「欧米人は同じ教室にアジア人がいると伝えられると、テストの成績が下がる」という論文を参考に「女子学生に対して、男子学生が同じテストを受けていることを伝えた場合と伝えなかった場合で、結果に差が出るか」という実験を行いましたが、残念ながら失敗。個人の能力による点数差の方が大きく、予想していたような性別による差が出なかったのです。

この実験をはじめとする、ゼミでの学びを通してわかったのは、自分は心理学そのものを深く学びたかったのではなく、「心理学の研究結果を生活に役立てたかった」ということ。それならば自分で研究結果が載った論文を調べて勉強すればいいんだと気づき、なにか別の学問を専門的に学びたい気持ちが強まりました。

そして、夏休み中に「HAIT Lab」（東大人工知能開発団体）と出会い、プログラミングでモノを作る楽しさを知ったことが、進学選択の大きな転機になりました。プログラミングができて、文系の自分でも問題なく学べる工学部システム創成学科Cコースに進むことにしたのです。

周囲にも、私のように入学当初とは志望する学部が変わり、それに伴って将来の方向性が変わっている人がいます。入学してから専門的に学ぶ学問を決めるまで猶予（ゆうよ）があるのは、東大のいいところだと思います。その一方で、初志貫徹して入学当初から行きたいと考えていた学部・学科に進む人もおり、進学選択への臨み方も様々です。

初回は東大の進学選択の魅力について、自分のエピソードを交えて紹介しました。今後はおすすめの勉強法など、色々なことについて書いていく予定なので、ぜひ読んでくれると嬉しいです。それではまた、次の号でお会いしましょう。

※多くの人に浸透している先入観や固定観念、思い込み

キャンパスデイズ 十人十色

立教大学

社会学部　3年生

日下（くさか） 侑希乃（ゆきの）さん

メディアに関することを中心に 社会学の様々な分野を学ぶ

好きなことを研究できる 自由度の高い環境

Q 立教大学社会学部メディア社会学科を選んだ理由はなんですか?

もともとテレビを見るのが好きで、それが高じてメディアについて勉強してみたいと考えていたので、メディア社会学科がある立教大学に興味を持ったんです。実際に学園祭に行ってみると、キャンパスの雰囲気もよく、ここに通いたいと感じたので受験しました。

Q 立教大学にはどんな特徴がありますか?

少人数での講義が多く、気軽に質問ができる環境だと感じています。例えば、1年生で必修となっている英語の講義は1クラス8人程度で、現在所属しているゼミも14人と、比較的小規模で構成されています。1対1で質問できる機会もあり、親身になって対応してくれる教授が多いです。

Q どんなことを学んでいますか?

テレビなどのメディアに関することを中心に、幅広く勉強しています。

流れとしては、まず1年生でアンケートやインタビューの手法、データの扱い方といった社会学の基礎を学習します。2年生以降は各自の興味関心に合わせて履修することが多く、私はテレビの歴史や影響力について学んだり、観光学部や心理学部など他学部の講義を受講したりしました。そのほか、美術系や音楽系など学べる内容は多岐にわたります。

また、3年生からはゼミが始まり、現在は「趣味社会学」という分野で研究をしています。簡単にいうと「メディアを通して趣味を考える」というもので、スポーツや音楽、漫画などテーマは人によって様々です。

今後、私はテレビの規制について

研究したいと考えており、昔のテレビ番組を視聴して現在との違いや言葉遣いの変化などを調べていこうと思っています。

Q　印象に残っている講義はありますか？

3年生で受講した「アートの社会学」です。バンクシーなどのアーティストをテーマに、社会とアートのかかわりについて考えていく講義で、内容はもちろん、レポート課題もユニークで印象に残っています。それが「自分なりの展覧会を作る」というものでした。学生が各自でテーマを設定して、SNSやWEBページを使って色々な作品を展示します。

私はCDを集めるのが趣味で、収録された曲を聞かずにCDジャケットのデザインが気に入ったら購入する「ジャケ買い」をよくするんです。そのため、CDについて紹介する展示会を開きました。ほかの学生の展示会を見るのも楽しく、思い出に残っている講義です。

また、難易度が高く、大変だったという意味で印象に残っている講義もあります。1年生で履修した「社会調査法」という講義は、データ処理の方法などを学ぶなかで複雑な計算をたくさんしなければならず、苦戦しました。

データの計算は、特殊な記号を用いたり、通常よりも多くの機能がついた電卓を使用する必要があったりと、難しいものが多いんです。文系の学部・学科に進んだとはいえ、数学的な学びが活きることもあるんだなと、その大切さを痛感しました。

メディア以外の分野にも 将来の選択肢は多種多様

Q　将来はどんな仕事に就きたいですか？

現在学んでいるメディアについての知識が活かせるように、どんな形であれ、メディアにかかわる仕事ができればと考えています。

同じ学科で学ぶ学生のなかにはメディアの制作に携わりたいという人もいて、その場合は美術・音響にまつわる講義を受講したり、「放送研究会」などのサークルで活動したりする人も多いようです。ただ、多様な分野が学べる学科なので、金融系や情報系の仕事に就く人もいて、就職先の幅は広いです。

Q　読者のみなさんにメッセージをお願いします。

中高時代で様々なことにチャレンジしてみてほしいです。少しでも興味のあることにはとりあえず挑戦して、失敗したらそれもいい経験になりますし、自分に向いているなと思ったら継続してみましょう。そうして、将来やりたいことを見つけていってください。

TOPICS

アドバイスを取り入れ 効率的に受験勉強

受験勉強において、自分なりのやり方を確立することも重要ですが、まずは学校や塾の先生がおすすめしている手法を試してみるのも効果的です。私の場合、中高時代は英語が苦手だったのですが、塾の先生にすすめられて音読を取り入れるようにしてからかなり点数が伸びました。リスニングはもちろん、長文問題の読解にもいい影響があったので、ぜひやってみてください。

また、大学受験で日本史を勉強する際には、学んだ内容をすべて1冊のノートに集約するようにしていました。あとから知った情報は付箋を貼って書き足すなど、そのノートを見れば色々な知識がすぐ復習できる状態にしておくと便利ですよ。

「TOPICS」内で紹介されている、大学受験時の日本史のノート。プリントや付箋をフル活用しているのがわかります

所属するバスケットボールのサークルで、合宿を行った際の様子。1年生～4年生までが一堂に会して試合を行いました

クリスマスの時期にはキャンパスの木にイルミネーションが施されるなど、雰囲気のよさも立教大学の魅力です

ちょっと得する

読むサプリメント

ここからは、勉強に疲れた脳に、ちょっとひと休みしてもらうサプリメントのページです。
ですから、勉強の合間にリラックスして読んでほしい。
このページの内容が頭の片隅に残っていれば、もしかすると時事問題や、
数学・理科の考え方で、ヒントになるかもしれません。

宇宙飛行士候補者 13年ぶりの募集

宇宙飛行士募集のロゴマークをアピールする宇宙飛行士の油井亀美也さん＝2021年11月18日（時事）

多様な人材を集めるため応募条件を緩和

宇宙航空研究開発機構（JAXA）は2022年３月４日まで、新たな宇宙飛行士の候補者を募集していました。本誌締切までにどれくらいの応募があったかは不明ですが、募集はじつに13年ぶりのことです。

みなさんは、宇宙飛行士になるためにどんな資格や経歴が必要だと思いますか？　これまで日本出身の宇宙飛行士は研究者や医師、パイロットなどの経歴を持つ人が多かったので、いわゆる「エリート」でないと応募できない、とイメージする人も多いかもしれません。しかし、今回初めて応募資格から学歴に関する条件が削除され、「学歴不問」での募集となります。以前は大学（自然科学系）卒業以上であることに加え、自然科学系分野における３年以上の実務経験が必須条件でしたが、こちらも分野を問わず３年以上の実務経験に緩和されました。

これほどまでに間口を広げて募集をする理由は、より多様な人材を集めるためとされています。ただし、これはあくまでも応募資格にすぎず、「簡単に宇宙飛行士になれる」というわけではありません。

候補者の選抜はエントリーシート等での書類審査に始まり、第０次選抜で英語試験、そしてその合格者に一般教養試験が課されます。第一次選抜からは本人の特性や資質を測る検査、プレゼンテーションなどの面接試験が行われ、それぞれ合格者が第三次選抜まで進むことになります。そうして選ばれた候補者は、航空機操縦訓練、ジェット機による無重力体感訓練、サバイバル訓練など様々な訓練に参加するほか、英語とロシア語の習得にも励みます。

今回の募集で採用された候補者は、国際宇宙ステーション内にある「きぼう」日本実験棟での実験や研究などに携わる予定です。残念ながら中学生のみなさんは次のチャンスを待つしかありませんが、どんな人が次の宇宙飛行士になるのか、2023年２月（予定）の候補者発表を待ちましょう。

The most Advanced Sciences Navigation 022

マナビー先生の
最先端科学ナビ
FILE No.022

水推進エンジン

超小型の人工衛星を動かすさらに小さなエンジン

このページでは何度か超小型の人工衛星、キューブサット（CubeSat）のことを書いてきた。じつは、それら超小型衛星には、小さいために推進装置や姿勢制御装置がついていない。だから宇宙を漂っているだけといっても過言ではない。推進装置がなく、姿勢制御はできないから細かく姿勢をコントロールして、なにかを計測するなどということもできない。そして、どうしても衛星の寿命は短くなってしまう。

寿命が尽きたあとも自然任せの状態だけど、ほとんどの開発者は「それって仕方ないじゃないか」と思ってきたんだ。

今回はそんな小さな衛星にでも搭載できる、これまた小さな推進装置が開発されている話だ。

この推進装置に使われている推進剤は、じつは、なんと水なんだ。

色々な推進剤があるなかで、水を制御装置の推進剤に使えないかという発想はそんなに新しいものではなく昔から考えられていた。でも、開発はなかなか進まなかった。

水は地球上のどこにでもあるし、ほかの推進剤より価格は安い。

もう1つの利点は、なんといっても安全だということ。日本が誇った運搬機「こうのとり」のような機体で国際宇宙ステーションまで運ぶことを考えてみよう。宇宙ではなにか事故が起こって燃料が漏れたらそれこそ大変だから、厳重な管理が求められる。水はその点、安心だ。国際宇宙ステーションでも宇宙飛行士が常時飲んでいるものだからね。

これまでの燃料なら国際宇宙ステーションに運び込むまで、またそのあとも厳重な検査が必要だった。どれもがすごく危険なものだったからね。でも、水ならそのような検査はほとんど必要なく使うことができる。水蒸気になったとき以外は、爆発性はないから安心だし、検査の時間も手間もその多くを省力化できる。これって機体を作る側や使う側にとっては、とても大きな利点なんだ。

水蒸気を噴出させて人工衛星の推進力とする

水をどのようにして燃料として使えるようにするのかというと、水を水蒸気にしてその蒸気を噴出することで推進させるんだ。これって、地球上では蒸気機関といって、古くからある技術だよね。

水は地上では100度で沸騰し、水蒸気が発生する。

でも山に登ってご飯やラーメンを作ろうとしても、おいしくはできなかったりする。これは気圧が低いと水は沸騰する温度が低くなるのが理由だ。ぬるいラーメンで麺が固いま

マナビー先生

大学を卒業後、海外で研究者として働いていたが、和食が恋しくなり帰国。しかし科学に関する本を読んでいると食事をすることすら忘れてしまうという、自他ともに認める"科学オタク"。

ま、というわけだ。

宇宙空間は真空といっていいから、気圧はほぼゼロ。山とは比べものにならないぐらい低い温度で水を沸騰させることができる。つまり、わざわざヒーターを用意しなくても、機内の計測装置を動かすことによって装置自体から発生する熱をうまく使えば、その低い温度で水を沸騰させることができ、推進力を得ることができる。

日本の水推進エンジンはすでに宇宙でテスト段階に

東京大学の小泉宏之准教授などの研究室が開発した水推進(みずすいしん)エンジンを積んだ超小型衛星「AQT-D」は、すでに国際宇宙ステーションの日本の実験棟「きぼう」から放出されテストが行われている【写真】。

水による推進には大きく分けて3つの方式が開発されている。1つはイオンエンジンに水蒸気を使う方式。2つ目は水蒸気をそのまま噴出させる方式。最後は水をマグネシウムなどの金属と反応させて化学的に推進させる方式だ。

国際宇宙ステーションの実験棟「きぼう」から宇宙空間に放出された超小型衛星「AQT-D」。(2019年11月20日、写真提供JAXA/NASA)

「AQT-D」が積んでいる水推進エンジンは名前を「アクエリアス(AQUARIUS)」といって、2つ目の方式を採用している。「AQT-D」内部の装置から出る熱を使って蒸気を発生させる。エンジンのサイズは超小型衛星に搭載可能な約10㎝四方にまで小さくしてあり、いま、試験運用が続けられている。

じつは、このエンジン「アクエリアス」は、今年2月にNASAの「アルテミス計画」に相乗りする形で打ち上げられた(本記事執筆時は予定)、JAXAと東京大学共同開発の超小型衛星「エクレウス(EQUULEUS)」にも搭載された。エクレウスは将来、深宇宙の探査を行うために必要な大切な任務遂行が期待されている。

水推進エンジンは、宇宙の環境を守ることも考えられた技術だ。日本の技術が世界中の小型衛星に搭載される日も近いかもしれない。

なぜなに科学実験室

「アレッ、おかしいな」「これって、なんで？」「どんな仕組みなんだろう？」。

身の回りで、不思議な出来事に接する機会は、意外と多くあるものです。それを見逃していたり、気づいていても「当たり前のことだ」と通りすぎてしまったり……。

ちょっと敏感になって目を配っていれば、「科学のタネ」は、みんなの周りに転がっています。

この実験室のワンコ先生は、そんな「当たり前のこと」として見過ごされがちな現象に目を向けて、ちょっと深堀りしてみせてくれます。

今回は、どこの家のポストにも届いたことのあるマグネットシートの不思議です。転がっていた「科学のタネ」に、さあ、迫りましょう。

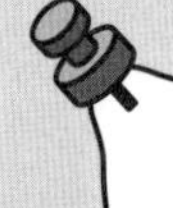

マグネットシートの不思議

こんにちわ。ワンコ先生です。みなさんの家のポストに名刺大のマグネットシートが入っていたこと、あるよね。「水漏れ修理の案内」とか「不用品回収」とか、そう、あの広告カードです。

じつは、あのシート片面は磁力を持っていますが、広告面の側は持っていません。広告面が貼りついてしまうと広告の役に立ちませんからね。どんな仕掛けで片面だけ磁力が働くのでしょうか。今回はマグネットシートがテーマです。

ワンコ先生

1 用意するもの

❶マグネットシート（2～3枚）
❷使い捨てカイロ
❸はさみ
❹ビニールやポリエチレンの手袋
❺マスク
❻菓子箱のフタなど

※使い捨てカイロのなかに入っている鉄粉は非常に粒子が細かいので、取り扱うときは吸い込んだり手を汚したりしないようマスク、手袋を着用しましょう。

※写真ではマグネットシートの広告面をぼかして見えないように修正しています。

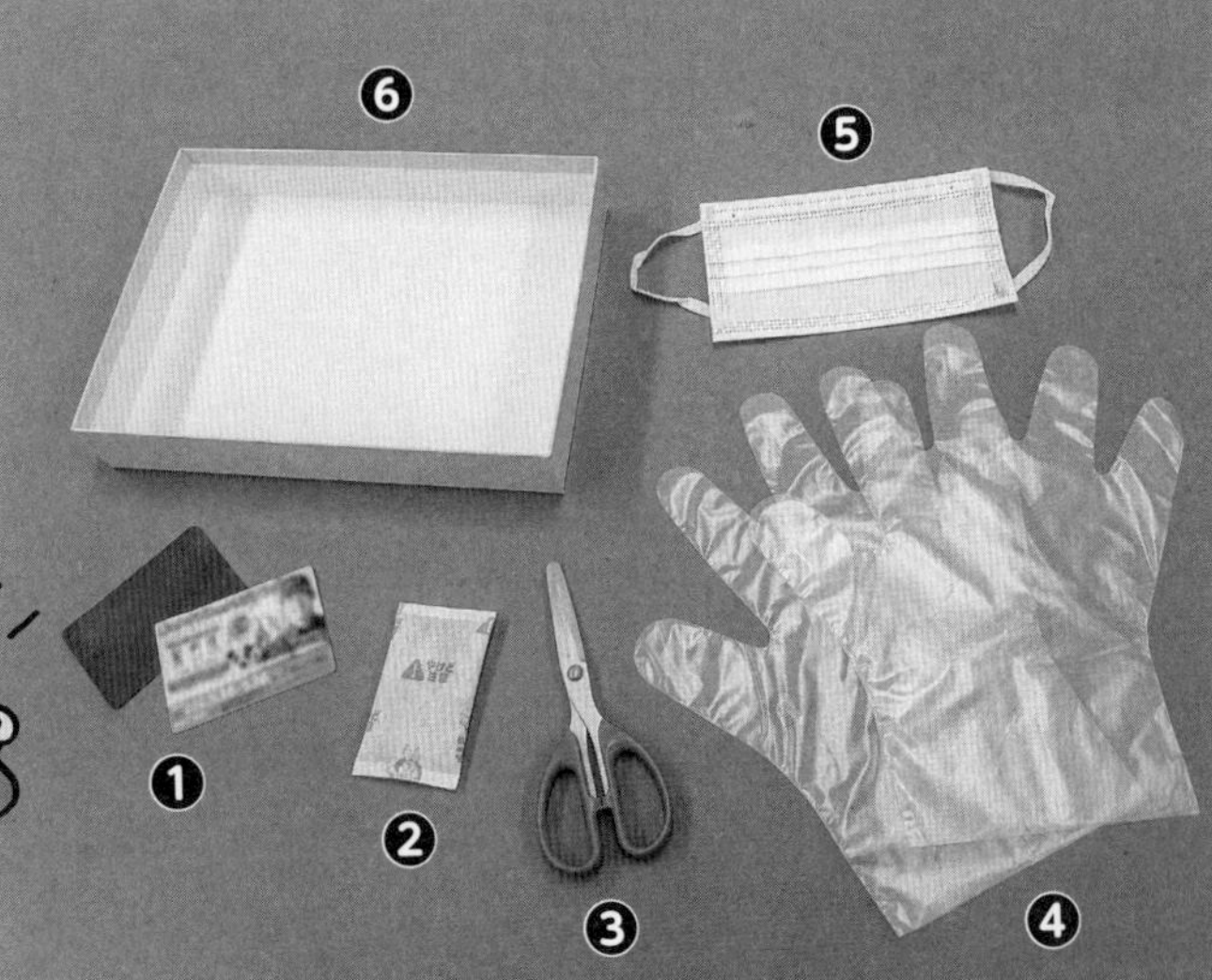

2 マグネットシートを用意

２枚のマグネットシートを用意します。マグネットシートは磁場のある黒い面と、磁場がない広告面とが表裏になっています。

3 マグネットシートを重ねる

１枚を裏返して、磁場のある面を内側にして重ねあわせます。なお、写真では広告面の側を白く修正しています。

4 重ねたままタテに引く

重ねあわせたマグネットシートを、こすりあわせるようにしながらタテに引きます。シートはスムースに引くことができます。

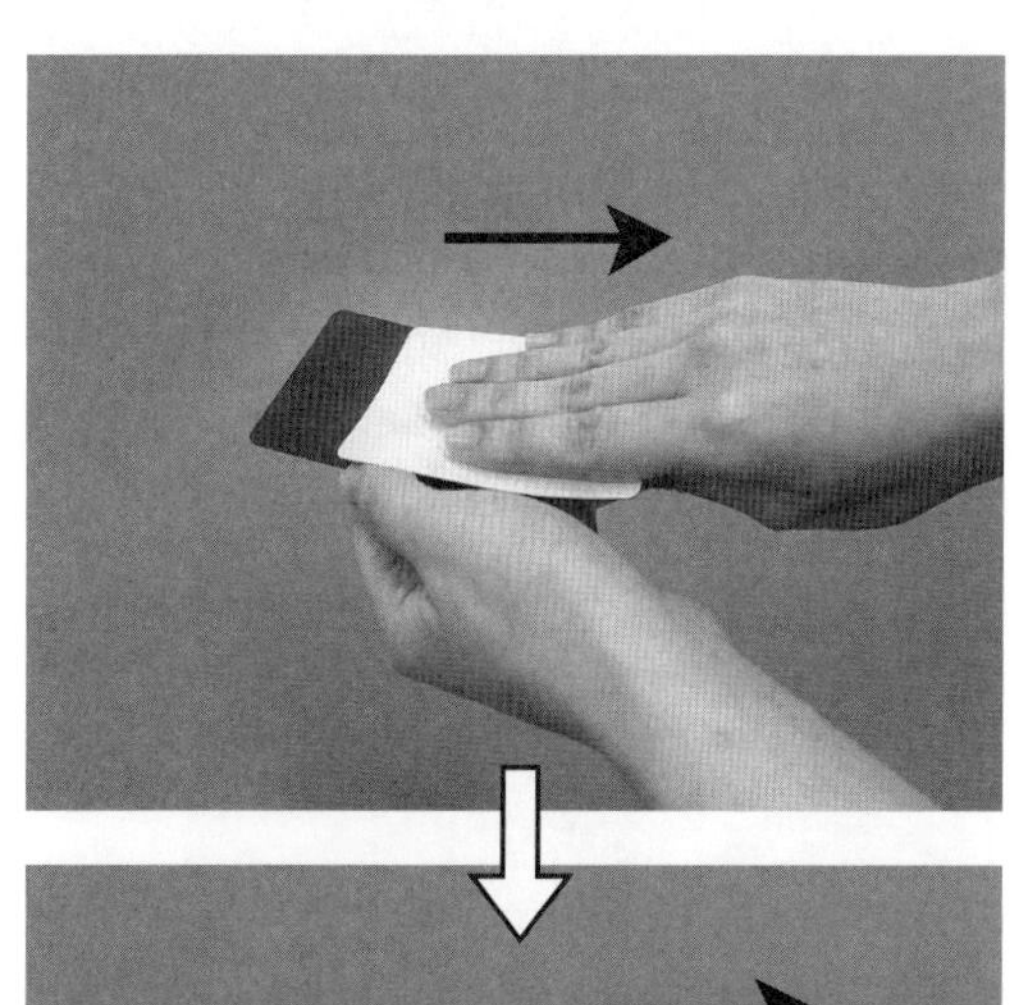

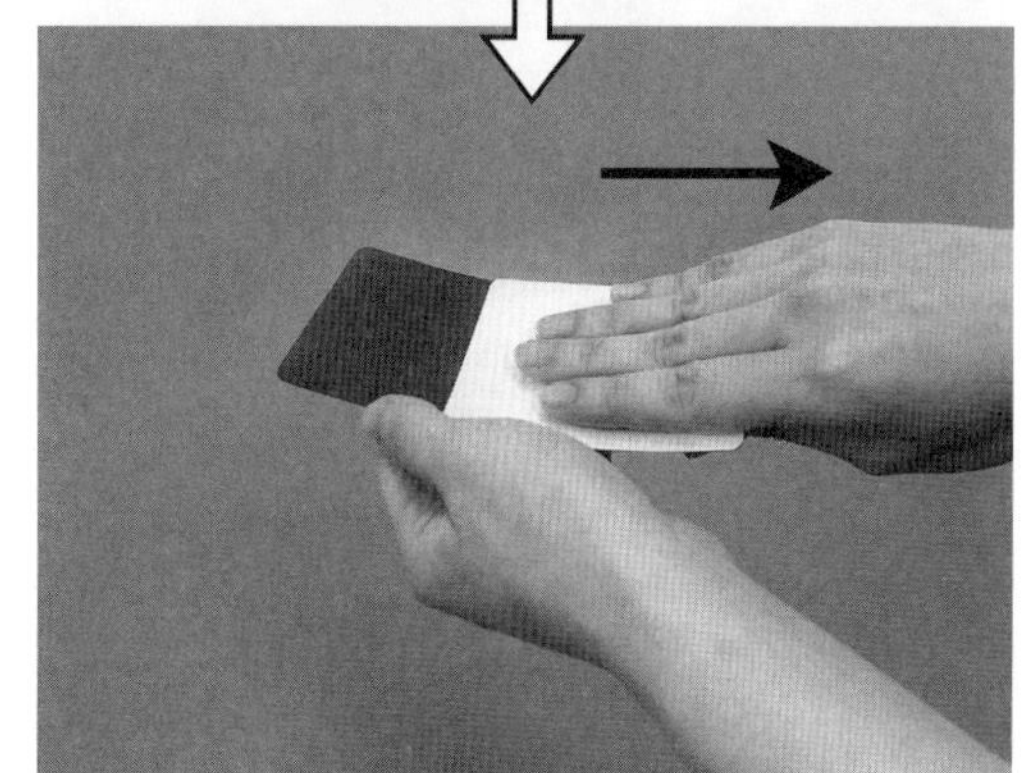

5 重ねたままヨコに引く

今度は重ねあわせたマグネットシートを、こすりあわせるようにヨコに引いてみます。シートはガクガクと抵抗し、思うようには引けません。

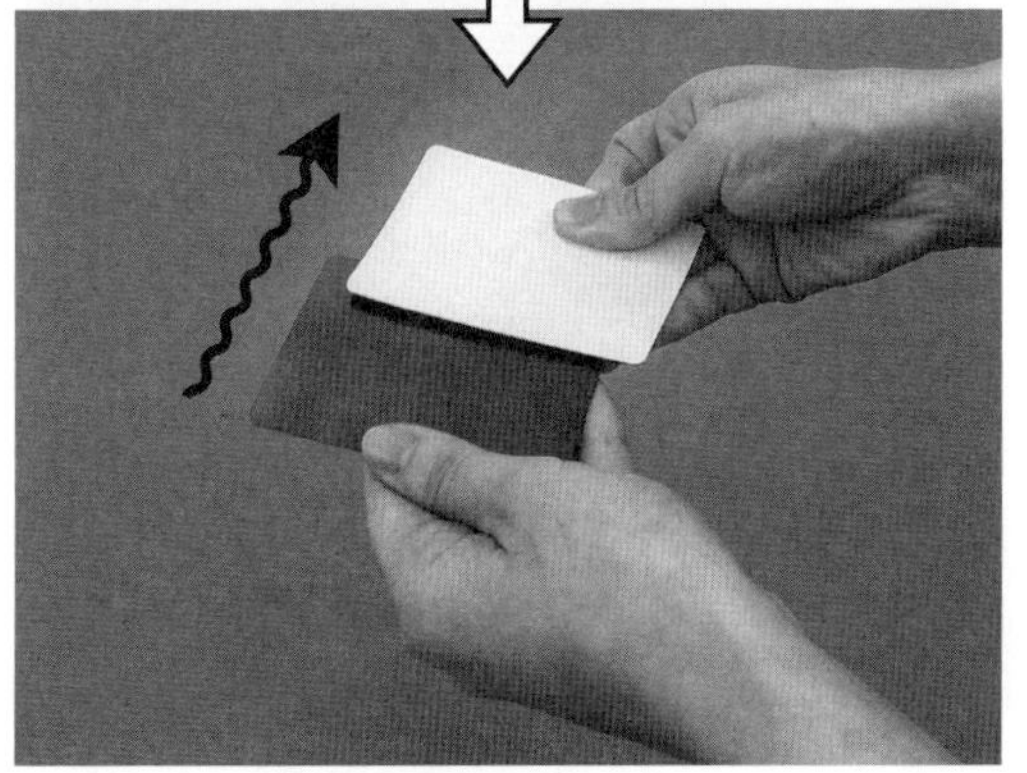

⑥ カイロの中身を取り出す

使い捨てカイロの袋をはさみで切り、なかの粉を取り出します。使用済みのものは鉄粉が酸化鉄となっており、磁石につかないので使えません。

⑦ カイロの中身をふりかける

菓子箱に磁場のある黒い面を上にして置いたマグネットシートに、カイロの中身をふりかけます。カイロのなかの粉は、おもに細かい鉄粉です。

⑧ カイロの鉄粉をまんべんなく

取り出した鉄粉を指でまんべんなく広げ、マグネットシート全体にまぶします。鉄粉が広がったらシートを軽くはじいて余分な鉄粉を落とします。

⑨ 鉄粉で何本もの縞模様が現れた

余分な鉄粉をはじいて落とすと、シートにはタテに何本もの縞（しま）模様が見えます。磁場のある縞と、磁場のない縞が交互に現れたのです。

※使い捨てカイロの中身は、おもに鉄粉、塩、保水材などです。捨てるときは自治体の回収ルールを守りましょう。

鉄粉

S N S N S N S N S N S N S N S N

【マグネットシート断面の模式図】U字磁石を並べたようなイメージ

解説 人はかなり自在に磁場を作り出すことができる

なぜ片面しか貼りつかないのか

広告を目的とした名刺型のマグネットシートは、なぜ片面にしか磁場がないのでしょうか。

例えば、水漏れの修理を促すマグネットシートの場合で考えてみましょう。水道栓が壊れて水漏れが起きることなんて滅多にあるものではありません。しかし、ひとたび水が吹き出してしまったら、大あわてにちがいありません。

そんなとき、身近に修理屋さんの連絡先があれば重宝します。そこで、「水漏れ修理」のマグネットシートはキッチンの冷蔵庫に貼っておかれることになります。貼る際は、電話番号が示してある広告面が見えるようにしてもらわなければ困ります。

というわけで、広告用マグネットシートは片面だけに磁場が発生するように制作してあるわけです。また、はがすのが大変なほど磁力が強くては二度目は貼ってもらえないので、磁力はほどほどのものが使われます。

冷蔵庫の話が出たので余談ですが、最近はマグネットがつかないガラス面材の冷蔵庫も増えています。ただこのような冷蔵庫でも側面は鋼材でできていますので、マグネットがつきます。

現れた縞模様の正体

広告用ですから片面だけに磁場があることはわかりましたが、では、これらのマグネットシートはどのように磁極が並んでいるのでしょうか。気になるところです。

単純に考えれば、表裏の両側に磁力線が出て、どちらの面も冷蔵庫に貼りつくはずではないでしょうか。

ということで、磁場を観察しようとカイロの袋を壊して鉄粉をまいてみたところ、おもしろい縞模様が現れました。

裏の広告面には初めから鉄粉はつきませんでした。

なぜ裏面には磁場がないのか。なぜこのような縞模様ができるのか。

縞模様から推察すると、おそらくSとNの磁極が順番に並んでいて、U字磁石が連なっているような状態になっているのだと考えられます。

つまり、上に模式図で示したような磁極の状態です。

磁極が縞模様だからガタガタした

詳しく調べてみたところ、もともとマグネットシートは酸化鉄と樹脂を混ぜあわせた素材で作り、あとから磁化させる（磁力を入れる）のだそうです。このことを「着磁化する」といいます。

着磁化にも色々あって、今回用いたマグネットシートのように片面にだけＮ極・Ｓ極を順に施すのを「片面多極着磁」といいます。通常のマグネットシートはほとんどがこのタイプです。

ですから前ページ⑤の実験で、ある方向で重ねあわせて引っ張っていくと、「ガタ、ガタ」という手応えを感じたのは、Ｎ極・Ｓ極が順番に並んでいるために起こる現象だったのです。移動に伴って縞模様同士がついたり離れたりしたためにガタガタしたわけですね。

磁場を着磁させたシートには、このほかにも片面だけでなく表裏両面にＮ極・Ｓ極の多極着磁を施した「両面多極着磁」があります。

「片面多極着磁」「両面多極着磁」ともに１つの面にＮ極・Ｓ極両方があります。

これらとも違い、表裏の面にそれぞれＮ極とＳ極をふりわけ、片面はＮ極、裏側はＳ極に着磁を施した「両面着磁」と呼ばれるものもあります。

人は磁場を自在に作り出すことができるのですね。

（サイエンストレーナー　桑子 研）

動画はこちら▶

マグネットシートの不思議を見る実験は、こちらの動画でご覧ください。

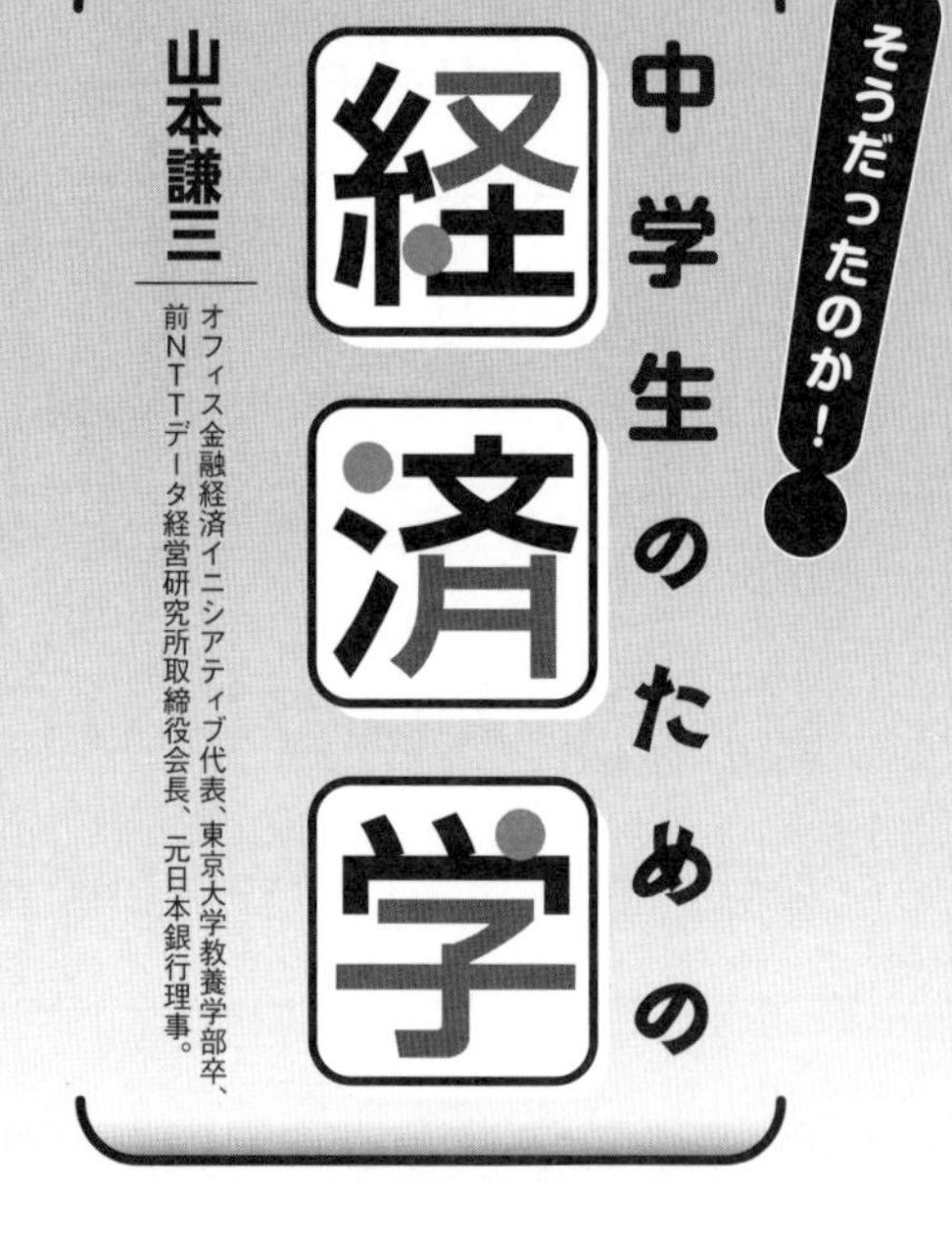

「経済学」って聞くとみんなは、なにか堅〜いお話が始まるように感じるかもしれないけれど、現代社会の仕組みを知るには、「経済」を見る目を持っておくことは欠かせない素養です。そこで、経済コラムニストの山本謙三さんに身近な「経済学」について、わかりやすくお話しいただくことにしました。今回は統計についてのお話です。

©tadamichi/PIXTA

経済統計を見てみよう

経済の実態を知るには、統計データの確認が欠かせません。身近なモノの価格だけを見て判断するのは危険です。例えば、スーパーマーケットで野菜や卵の値段が上がっているからといって、物価が上昇しているとは限りません。ガソリン価格は下がっているかもしれないからです。そこで、物価の真の姿を知るには、家庭が支出するおもなモノやサービスを対象とした「消費者物価指数」を見ることが必要となります。

日本の経済統計の多くは、政府や地方自治体などの公的な機関が作成しています。一例をあげると、前述の「消費者物価指数」は総務省が、国内総生産（GDP）の計算の基礎となる「国民経済計算」は内閣府が、国内の就業・失業の状態を把握する「各地域の労働力調査」は各都道府県が調査・作成しています。このうちとくに重要な統計は「基幹統計」と呼ばれ、法律によって報告義務などが定められています。「国民経済計算」や、消費者物価指数の基礎データとなる「小売物価統計」といったものがこれにあたります。

経済統計の多くは、作成省庁の担当部署が企業や関係先から聞き取りやアンケート調査を行って集計しています。このほかに自動車の販売台数のように民間企業が作成する統計もあり、これらも貴重な経済統計です。

利用には注意が必要

統計データの利用には、いくつかの注意点があります。デパートの売上高のように、12月に増え、1月に減るといった「クセ」のある統計が存在するのです。こうした季節的なクセを「季節性」と呼びます。もし12月と1月の数字を単純に比べてしまうと、12月はボーナスが出ることなどが理由で消費が増えただけにもかかわらず、1月に消費が落ち込んだと錯覚しかねません。そこで、過去の変動パターンを調べ、12月、1月の季節性を除去した数値を作成することがあります。これを「季節調整済み」のデータと呼びます。

統計を見ると、事実と信じていたこととデータが異なることがあります。例えば、「新型コロナウイルスの感染拡大で、多くの人が失業した」はどうでしょうか。実際の完全失業率（季節調整済み）は、コロナ前の2%台から2020年10月に3・1%に上がりました。この上昇幅は、過去の景気停滞期に比べれば小幅でした。雇用が維持されやすいよう、政府が企業に助成金を出した結果で、景気の悪化ほどには失業者は増えなかったことになります。しかし、統計をよく見ると、増加した失業はパート、アルバイトに集中していました。新型コロナウイルスの感染の広がりは、パート従業員や学生の生活を直撃し、やはり深刻な社会問題だったことがわかります。

統計を見て疑問に感じたことを調べ考えることで、社会の動きを深く知ることができます。みなさんも総務省統計局ホームページなどで、関心のある統計を一度見てみましょう。

PICK UP NEWS
ピックアップニュース！

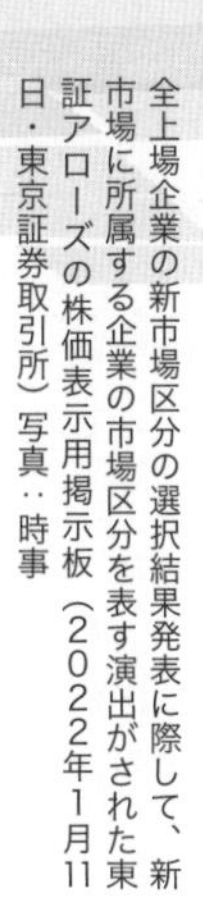
全上場企業の新市場区分の選択結果発表に際して、新市場に所属する企業の市場区分を表す演出がされた東証アローズの株価表示用掲示板（2022年1月11日・東京証券取引所）写真：時事

今回のテーマ
東京証券取引所が再編

株式を売買する東京証券取引所(以下、東証)が４月から再編されます。これまで、東証には市場１部、市場２部、マザーズ、JASDAQ（以下、ジャスダック）の４つの市場がありましたが、これがプライム、スタンダード、グロースの３市場に再編されます。

東証は1949年、株式会社が発行する株式を売買する市場として発足しました。企業の資産や経営内容などに応じて、市場は１部と２部に分けられていました。

また、中小企業などが１部、２部とは別に店頭市場で取引されてきました。店頭市場などは2010年に再編して、現在のジャスダック市場として更新されました。これとは別に、近年、ベンチャー企業などが多く起業していることから、ベンチャー企業の育成の意味もあって、1999年にマザーズ市場が開設されています。

ジャスダック市場やマザーズ市場から２部に格上げされたり、さらには１部上場を果たす企業も増えています。東証は、こうした多角化をふまえて2001年に株式会社組織となりました。現在、１部は2184社、同じく２部は474社、マザーズは424社、ジャスダックには693社が上場しています。

しかし、１部市場に企業が集中していて、投資家からすると、企業の差別化が難しくなっているとの指摘が出されていました。そこで上場している全企業をプライム、スタンダード、グロースの３市場に再編し直すわけです。

新たな３市場の上場基準には株主数、流通株式比率などの条件がありますが、プライム市場は売上高100億円以上、純資産50億円以上、スタンダード市場は１年間の利益１億円以上、純資産がプラスであることなど、これまでより厳しい条件が設定されています。

東証は再編によって、各市場の特徴を明確にし、国際的な競争力のある企業を絞り込み、日本の投資家はもちろん、海外からの投資も増やしたい考えです。しかし、プライム市場には現在の１部上場企業の８割強の1841社が移行を希望しており、スタンダードにも1477社が、そしてグロース市場には１社を除いたマザーズの423社を含む459社が移行を表明。これまでの市場とどう差別化を図るのかが課題といえそうです。

（上場会社数は１月末日現在）

ジャーナリスト **大野 敏明**
（元大学講師・元産経新聞編集委員）

思わずだれかに話したくなる

名字の豆知識

第24回

都道府県別の名字 今回は

本州最北端の青森県 1番多い名字は？

都道府県別の2番目は本州最北端の青森県です。青森県は陸奥国を陸前、陸中、陸奥、岩城、磐城に細分化したうちの陸奥から立県しました。江戸時代前期に弘前藩が現在の青森市に港町を建設しましたが、現在の青森市本町辺りに青い森があり、それが港に入る船の目印になったことから、青森の名がついたといわれています。

青森県の名字ベスト20です。多い順に、工藤、佐藤、佐々木、木村、成田、斎藤、中村、田中、三上、高橋、三浦、葛西、鈴木、小笠原、山田、吉田、坂本、山本、藤田、伊藤です。

名字から見える統治の歴史

全国ベスト10以外の名字がトップにくるのは青森県の工藤、香川県の大西、佐賀県・長崎県の山口、宮崎県の黒木、沖縄県の比嘉しかありません。

青森県は江戸時代、津軽氏の所領だった西部の津軽地方と、南部氏の所領だった東部の南部地方に大別されます。

青森市にある縄文時代の三内丸山遺跡にみられるように、昔から高度な文化を持っていたと思われますが、中世以降、豪族同士の熾烈な勢力争いが繰り広げられました。日本書紀にも655年の項に現在の大阪市の「難波宮で柵養の蝦夷九人、津刈の蝦夷六人に冠各二階を授く」とありますが、この津刈は現在の津軽のことです。柵養は現在の青森県黒石市柵ノ木と関係があるかもしれませんが詳細は不明です。

811年、天武天皇の玄孫の文屋綿麻呂が征夷大将軍となって、現在の岩手県盛岡市の志波城に城柵を設け、現在の岩手県、青森県一帯を平定したとされています。

1189年、源頼朝は宇佐美実政を津軽奉行に任命したとされていますが大河兼任の乱で宇佐美は戦死します。その後、津軽奉行はおかれませんでしたが、現在の青森県全体は執権、北条得宗家（本家）の領地となり、奥州総奉行の葛西清重と伊沢家景が陸奥全土を治めます。

この伊沢家は元来、「胆沢」という地名を名字とし、のちに伊沢と書くようになったと思われます。宇佐美は現在の静岡県伊東市宇佐美出身の御家人、葛西は現在の東京東部の葛西地区出身の御家人です。葛西はいまも地下鉄東西線の葛西駅や、JR京葉線の葛西臨海公園駅などの駅名で残っています。こうしてみると、鎌倉幕府は関東の御家人と陸奥の有力者を共同で陸奥の統治にあたらせていたことがわかります。

鎌倉中期からは地頭代の名字が登場

鎌倉中期になると、北条得宗家の地頭代として多くの名字が文献に登場します。

安藤、工藤、片穂、野辺、結城、小山、工藤、曽我、横溝、平などです。

青森県で多い名字トップの工藤の由来は朝廷の木工助の藤原氏から出たものと考えられます。歴史上、工藤といえば、藤原南家祖の武智麻呂の子孫、工藤祐経が有名です。曽我兄弟の仇として討たれるわけですが、さらに子孫は、伊豆の東の伊東に居住したことから伊東氏を称し、江戸時代は日向国（現・宮崎県）の飫肥藩主になっています。この工藤の分流が鎌倉時代に地頭代となって東北、とくに現在の青森県に渡って勢力を拡大していったと思われます。

こうした地頭代のなかで豪族にまでのし上がっていったのが安藤氏です。やがて鎌倉末期には安藤氏同士の内乱があり、建武の新政後に南部氏が地頭として入部して、安藤氏の勢力は減退します。南部氏は甲斐源氏で、八幡太郎義家の弟、新羅三郎義光の子孫、加賀美光行が甲斐国巨摩郡南部郷（現・山梨県南巨摩郡南部町）の地頭となって南部氏を称し、その6代の子孫、祐政が興国年間（1340-1345年）に陸奥に赴き、現在の岩手県北部から青森県東部を治め、現在の南部地方の名のもとなりました。

工藤は全国では65位で約23万8000人、青森県ではトップで約5万800人、工藤全体の21・3％にあたります。青森県では100人にざっと3、4人が工藤ということになります。

このほか、青森県に多い名字を挙げると、福士、神、葛西、対馬、今、一戸、野呂、小田桐、種市、棟方、中野渡、鳥谷部、笹森、田名部、櫛引、鳴海などがあります。

福士は全国990位で約1万8300人、青森県では30位約7600人、福士全体の41・5％です。神は全国に約1万5300人、うち青森県には約7100人。葛西は全国に約3万4600人、うち青森県には約1万4000人が居住しています（新人物往来社『別冊歴史読本 日本の苗字ベスト10000』より）。青森県の葛西は葛西清重の子孫か、そのあやかりでしょう。一戸は地名からついた名字。棟方は版画家の棟方志功が有名です。笹森は弘前藩の家老になりました。鳥谷部はおもに「とやべ」、田名部はおもに「たなぶ」と読みます。

青森県の名字からは東北の統治の歴史が見える

奥州総奉行 葛西清重

文屋綿麻呂

ミステリーハンターQの
タイムスリップ歴史塾

大化の改新

今回は「日本に元号ができたきっかけは？」という疑問から、天皇による中央集権体制を確立した政治改革、大化の改新をみていくよ。

静 今年は令和4年だけど、日本最初の元号って確か、大化だったかな？ 元号を初めて定めるきっかけとなった事件があったの？

MQ そう、日本最初の元号は大化だったんだ。事件というのは、大化の改新が行われるもとになった飛鳥時代の645年に起きた乙巳の変のことだね。

勇 乙巳の変ってどんな事件だったの？

MQ 当時の大和朝廷は豪族の蘇我氏が主導権を握り、政治を独占していたんだ。それを快く思っていなかった皇極天皇の息子の中大兄皇子は、家臣の中臣鎌足らの協力を得て、天皇のいる大極殿に来た蘇我入鹿を暗殺した。入鹿の父の蝦夷は館に火を放って自殺、権勢を誇った蘇我氏は滅んだ。これが乙巳の変だ。

静 皇族の側から仕掛けたクーデターみたいね。

MQ 蘇我氏の勢力を追い出した中大兄皇子らはその後、様々な改革を始めたんだ。その一連の改革を大化の改新というんだよ。

勇 大化の改新では、どんな改革が行われたの？

MQ 乙巳の変の翌日、皇極天皇の弟の孝徳天皇が即位し、中大兄皇子は皇太子となって、初めて元号を大化とした。そして難波宮に遷都。中臣鎌足を新設した内臣に、阿倍内麻呂を同じく新設した左大臣に、蘇我倉山田石川麻呂を右大臣に任命し、唐に留学した高向玄理らを実務官僚として起用したんだ。翌年には4つの基本方針からなる改新の詔が出された。

静 ここで大化の元号が出てきたのね。改新の詔ってどんな内容だったの？

MQ 1番目は皇族や豪族が持っていた私有地や私有民を廃止すること。2番目は地方行政組織の確立。3番目は戸籍を作成して、班田収授の法を実施すること。4番目は租・庸・調などの統一的な租税制度を実施することだ。

勇 どんな目的があったの？

MQ 公地公民制を確立して、天皇中心の中央集権体制の律令国家を作ることが目的だったんだ。唐の律令国家を模範にしていたんだね。大化の改新によって、初めて「日本」という国号や「天皇」という呼称が正式なものとされたんだ。

静 目的は達成されたの？

MQ 663年には朝鮮半島で唐と新羅と対した白村江の戦いや、672年の日本古代史上最大の内乱といわれる壬申の乱などがあって、スムーズにはいかなかったけど、701年に大宝律令が制定されて、大化の改新の目的だった律令国家の体裁が整っていったよ。

ミステリーハンターQ（略してMQ）

米テキサス州出身。某有名エジプト学者の弟子。1980年代より気鋭の考古学者として注目されつつあるが本名はだれも知らない。日本の歴史について探る画期的な著書『歴史を堀る』の発刊準備を進めている。

山本 勇

中学3年生。幼稚園のころにテレビの大河ドラマを見て、歴史にはまる。将来は大河ドラマに出たいと思っている。あこがれは織田信長。最近のマイブームは仏像鑑賞。好きな芸能人はみうらじゅん。

春日 静

中学1年生。カバンのなかにはつねに、読みかけの歴史小説が入っている根っからの歴女。あこがれは坂本龍馬。特技は年号の暗記のための語呂合わせを作ること。好きな芸能人は福山雅治。

身の回りにある、
知っていると
役に立つかもしれない
知識をお届け!!

サクセス印のなるほどコラム

知って得する？　モンブランケーキの話

先生が大好きなものはなにかわかる？

急になに？　う～ん、じゃあ勉強！　先生だから勉強がだ～い好きだよね（笑）。

それイヤミ？　確かに学んだり調べたりするのは好きだけどさ、勉強が好きなわけじゃないよ。嫌いな科目もあるし……。

まるで生徒と同じじゃん！　で、なんと言ってほしいの？

モンブランケーキだよ！　クリのペーストが絞ってあるケーキ、知ってるよね？

知ってるよ！　でもさ、ぼくはイチゴのショートケーキの方が好きなんだけどなあ。

その言葉を待ってました！　そんなキミにも気に入ってもらえそうなモンブランケーキを見つけたんだよ。

ふ～ん？

実物は食べちゃったんでスマホで撮った写真で申し訳ないのだけれど（笑）。

実物じゃないの!?　聞く気なくなったなあ。

そう言わずにこの写真を見てよ。

え？　これ、イチゴのクリームが乗ったタルト？　おいしそう！

じつは、「イチゴのモンブラン」という名前で売られていたケーキなんだ。

イチゴのモンブラン？　イチゴのクリのケーキってこと？

そうなるよね。先生も混乱して食べる前にモンブランケーキについて調べてしまったよ。

それで？

モンブランケーキの名前はアルプス山脈にあるモンブランに由来しているらしい。

ということは、あのマロンクリームの形はアルプス山脈のモンブランってこと？

そう！　ヨーロッパ中央部を東西に横切るアルプス山脈の最高峰、モンブランなんだよ！　標高は4807mで、フランスとイタリアの国境にもなっているんだ。

へえ～。富士山より高いことはわかった！

元々は、クリのペーストに泡立てた生クリームを添えたイタリアの家庭菓子がモンブランケーキの起源で、フランスのカフェが看板メニューとして売り出したことで世の中に広まったらしい。

イタリアでは違う名前で呼ばれてるの？

いい勘してるね。イタリアでは「モンテ・ビアンコ」、ちなみにフランスでは「モン・ブラン・オ・マロン」と呼ばれているそうだよ。「モンテ・ビアンコ」も「モン・ブラン」もどちらも「白い山」という意味なんだ。日本では1930年代に初めて売り出されたんだって。

意外と歴史があるんだね。

うん。長い年月の間に、クリのペーストをサツマイモやイチゴや抹茶クリームに変化させたモンブランが生まれたみたいだよ。

なるほどね～。ところでさ、先生がイチゴのモンブラン１個で満足したなんて珍しいね！

じつは、マロンクリームのモンブランもいっしょにいただきました（苦笑い）。

１つで終わるわけないと思ったよ。

モンブランはケーキの最高峰だね！　はい！今日はここまで!!

えっ！　逃げるなら、ぼくにもモンブランケーキを食べさせてよ！

さっき、イチゴのショートケーキの方がいいとか言ってなかった？

……。

中学生でもわかる

高校数学のススメ

高校数学では、早く答えを出すことよりもきちんと答えを出すこと、
つまり答えそのものだけでなく、答えを導くまでの過程も重視します。
なぜなら、それが記号論理学である数学の本質だからです。
さあ、高校数学の世界をひと足先に体験してみましょう！

written by
湯浅 弘一
ゆあさ・ひろかず／湘南工科大学特任教授・
湘南工科大学附属高等学校教育顧問

Lecture! 直線の式

例題　次の２点A、Bを結ぶ傾きの値を求めなさい。
（1）A(2, 5)、B(4, 9)　　（2）A(a, 5)、B(4, 9)

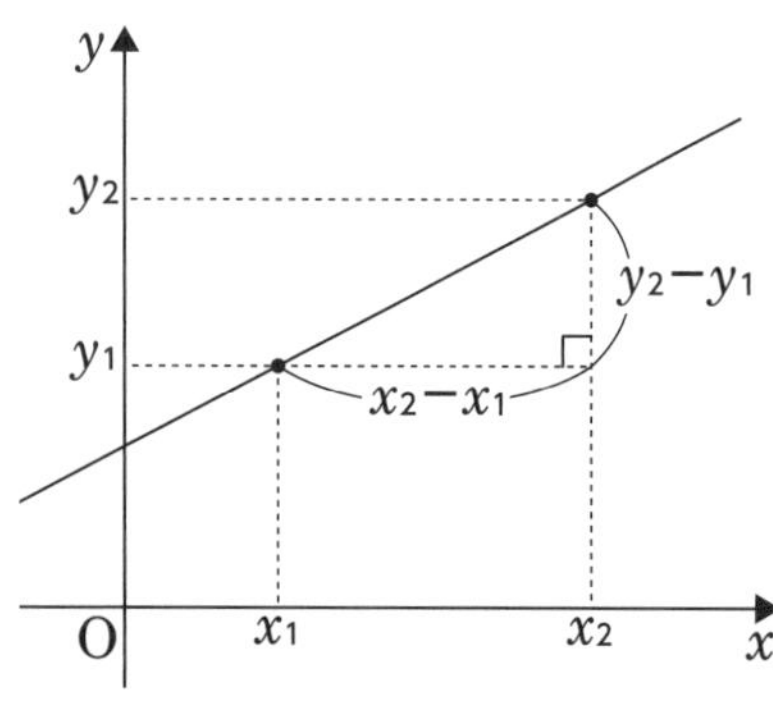

座標に書けば一目瞭然ですが、公式を確認させてください。

高校数学の表現で書くと、２点(x_1, y_1) (x_2, y_2)を結ぶ傾きは、左の図を参考にして、
傾き$=\frac{y_2-y_1}{x_2-x_1}$と表すことができます。ここで大事なのは、上下がそろっていることです。つまりx_1の上にはy_1が、x_2の上にはy_2が来るのです。これは番号が入れ替わっていても同じです。

すなわち$\frac{y_2-y_1}{x_2-x_1}=\frac{y_1-y_2}{x_1-x_2}$ということです。

この式に当てはめると(1)の答えは$\frac{5-9}{2-4}=\mathbf{2}$と求めてもよいですし、$\frac{9-5}{4-2}=\mathbf{2}$と求めてもOKです。結果は同じです。
(2)の答えは以下の通りです。高校数学特有の場合分けが出てきます。

$$\text{傾き}=\begin{cases}\frac{5-9}{a-4}=\frac{-4}{a-4}\ (a\neq 4)\\ \text{傾きなし}\ (a=4)\end{cases}$$

高校数学では特殊な分野を除いて分母の値が０になってはいけません。実際、$a=4$のときは２点A、Bの座標がA (4, 5)、B (4, 9) なので２点を結ぶ直線はy軸平行になり、傾きは存在しません。ですから“傾きなし”になるわけです。

今回学習してほしいこと

- ２点(x_1, y_1) (x_2, y_2)を結ぶ傾きは$\frac{y_2-y_1}{x_2-x_1}=\frac{y_1-y_2}{x_1-x_2}$
- y軸平行な直線の傾きは存在しない。

さあ、早速練習です！　左ページに初級、中級、上級と３つのレベルの類題を出題していますので、チャレンジしてみてください。

練習問題

初級

2点A(1, 4)、B(5, −4)を通る
直線の式を求めなさい。

中級

2点A(a, 4)、B(2, −1)を通る
直線の式を求めなさい。

上級

すべてのaの値に対して(aの値にかかわらず)
直線$y=ax-2a+1$がつねに通る
点の座標を求めなさい。

解答・解説は次のページへ！

解答・解説

初級

2点A(1, 4)、B(5, −4)を結ぶ傾きは、
傾き$=\frac{y_2-y_1}{x_2-x_1}$の公式を用いて
$\frac{-4-4}{5-1}=-2$です。

ですから、求める直線を$y=-2x+b$とおくと、
点A(1, 4)を通るので、この式に代入して$4=-2\times1+b$

これを解くと$b=6$であるから、
求める直線の式は$y=-2x+6$
答えは$\boldsymbol{y=-2x+6}$です。

【おまけ！】
高校数学では、以下のような公式があります。

> **点(x_1, y_1)を通り、傾きmの直線の式を表す公式**
> $\boldsymbol{y-y_1=m(x-x_1)}$

これを用いると、初級の問題では傾きが−2ですから
$y-4=-2(x-1)$より
$y=-2x+6$
とすぐに求まります！
使いやすくて便利な公式です！

答え $\boldsymbol{y=-2x+6}$

中級

2点A(a, 4)、B(2, −1)を結ぶ傾きは
公式を用いて$\frac{4-(-1)}{a-2}=\frac{5}{a-2}$ですから、
$a\neq2$のとき(傾きの分母が0ではないとき)
求める直線の式は$y-(-1)=\frac{5}{a-2}(x-2)$
つまり$\boldsymbol{y=\frac{5}{a-2}(x-2)-1}$
(高校数学ではこのままでもいいのですが、
計算を進めると$y=\frac{5x}{a-2}-\frac{a+8}{a-2}$も可です)
$a=2$のとき、求める直線の式は$\boldsymbol{x=2}$

答え $a\neq2$のとき$y=\frac{5}{a-2}(x-2)-1$
$a=2$のとき、$x=2$

上級

直線$y=ax-2a+1$を
aのついている項とaのついていない項に分けて
$y-1=a(x-2)$と変形すると、
この式は点(1, 2)を通り傾きaの直線を表しているので、
aの値にかかわらず点**(1, 2)**を通ることがわかります。
(【初級】の【おまけ!】を参照してください)

答え (1, 2)

くさいものにフタをしないで食べ歩いた男の覚え書

今月の1冊

『世界一くさい食べもの』

なぜ食べられないような食べものがあるのか？

著／小泉武夫
刊行／筑摩書房
価格／1210円（税込）

著者は発酵学の専門家で「くさいものにフタをせず」世界中のくさいものを食べまくってきた博士だ。いったいどれだけの臭いをかぎ、食べ、ときにはその臭いに悶え苦しんできたのだろうか。

その一部を紹介したのがこの本だ。一部とはいうけれどくさい方から並べたというから、ここでお目にかからなかった（いやお鼻にかからなかった）もののなかにも十分にくさいものもあったはずだ。

紹介される食べものは目次で確認できる。分けられた章は「魚類」「調味料」「肉類」「大豆食品」「野菜類」「チーズ類」「漬物類」の7タイトル。各章いくつかの食べ物が紹介され、いずれも負けずおとらず、いかにもくさそう。しかし著者は「くさい！」のハードルを越えて味わう、この世のものとも思えない「おいしさ」を誌面にヨダレを垂らすように伝えてくる。

食べたくなった読者のために、目次にはそれぞれの食べ物の「くさい度数」が星の数1～5で示してあるから参考にするといい。といってもそのほとんどが4～5つ星。そのなかで「くさい度数5以上」と、著者に評価されたくさい食べものがいくつも出てくるのだから手に（鼻に）負えない。しかし、そのどれもが、とにかくおいしいという。

「イヤ、そんなの食べたくない」と思った人もいるかもしれないけれど、じつは、くさい食べものにかけては、日本の食べもの代表も黙ってはいない。みんなも納豆（くさい度数4）は食べるんじゃないかな。そのおいしさは、外国から来た人にはわからなくても、日本人にとっては、いつまでも懐かしく、おいしい臭いなのだ。そんな日本の納豆でわかる通り、くさい食べものは各国の文化として根づいていることも紹介される。

ちなみに世界で最もくさい食べものとしてあげられたのは、スウェーデンで食べられているニシンの発酵缶詰「シュール・ストレミング」。「開缶は野外で」とか「雨合羽などを全身にまとい、風下に人がいないことを確認」が食前の注意事項とは、いったいどんな食べものなんだぁ！

サクセス映画館

もしもこんな魔女がいたら

小さい魔女とワルプルギスの夜

2018年／スイス・ドイツ
監督：マイク・シェーラー

「小さい魔女とワルプルギスの夜」
DVD発売中
価格：4,180円（税込）
発売・販売元：インターフィルム

「小さい魔女」の成長

世界で愛されるドイツの児童文学『小さい魔女』（学研プラス）を原作とした作品です。

魔女の世界ではまだまだ半人前扱いで、「小さい魔女」と呼ばれる127歳の魔女。彼女は「大きい魔女」だけが招待される「ワルプルギスの夜」というお祭りにこっそり忍び込んだことがばれて、大きい魔女にとがめられますが、「いい魔女テスト」に合格すれば来年のお祭りに参加してもいいといわれます。

その日から相棒のカラスとともに猛勉強に励むものの、どうやら大きい魔女たちにとっての「いい魔女」は、小さい魔女の想像とは異なるようで……。なにが正しくてなにが間違っているのか、心揺れ動く小さい魔女のくだした決断とは？　魔女ならではのユニークな部屋のインテリアも見どころです。

リトルウィッチアカデミア 魔法仕掛けのパレード

2015年／日本
監督：吉成曜

「リトルウィッチアカデミア 魔法仕掛けのパレード」
DVD発売中
価格：5,280円（税込）
発売・販売元：東宝

Blu-ray（8,657円）も発売中

魔女見習いたちの奮闘記

文化庁による若手アニメーター育成事業「アニメミライ2013」の一作として発表された短編「リトルウィッチアカデミア」。国内外から寄せられた続編を望む声に応えて本作が製作され、のちにテレビアニメ化もされました。

舞台はヨーロッパの魔女育成名門校・ルーナノヴァ魔法学校。そこに通う魔女見習いの１人・アッコは、幼少期に見た魔女に憧れて同校に入学したものの、周りに迷惑をかけてばかり。罰として友人とともに、街で毎年行われる魔女狩りを再現したパレードへの参加を命じられます。

せっかくなら魔女狩りではなく、みんながハッピーになれる内容にしたいと、悪戦苦闘しながらパレードを作り上げるアッコたち。愉快な魔法と彼女らのエネルギーに思わず引き込まれるアニメーション映画です。

マレフィセント

2014年／アメリカ
監督：ロバート・ストロンバーグ

「マレフィセント」
ディズニー公式動画配信サービス、ディズニープラスで配信中

Blu-ray、DVDも発売中

悪役魔女の知られざる姿

ディズニーの名作アニメーション映画「眠れる森の美女」でオーロラ姫に呪いの魔法をかけた邪悪な魔女、いわゆる「悪役」として知られるマレフィセント。彼女を主人公として、新たな視点から「眠れる森の美女」を描いた作品がこちら。

物語はマレフィセントの幼少期からスタートします。心優しい妖精だった彼女がどうして人間を憎み、ついにはオーロラ姫に呪いをかけてしまったのか。その裏に隠された真実、そしてマレフィセントの思いが明らかになっていくにつれて、様々な感情がこみ上げてくることでしょう。

実写版で描かれるマレフィセントの姿は迫力満点で、アクションシーンも見ごたえたっぷり。彼女たちが住む魔法の国の映像美も楽しめます。名作の「もう１つの物語」をぜひご覧ください。

12月号の答えと解説

解答 12

色マスの上から２行目、左から３列目の「21」に注目すると、㋐＋㋑＋㋒＋㋓＝21となる組みあわせは、ルール１、２に従うと、（４、５、６、６）の１通りだけです。さらに、㋐、㋑には、その行に「５」があるので、㋐、㋑は（４、６）の組みあわせ、㋒、㋓は（５、６）の組みあわせとなります。

次に、色マスの上から２行目、左から５列目の「９」に注目すると、㋔＋㋕＋㋖＝６だから、その組みあわせは、（１、１、４）か（１、２、３）の２通り。

また、色マスの上から４行目、左から５列目の「17」に注目すると、㋙＋㋚＋㋛＝15だから、その組みあわせは、（４、５、６）の１通りだけ。

これらの条件に当てはめていくと図２のようになり、㋐、㋑は（４、６）、㋒、㋓は（５、６）、㋗、㋘は（４、６）、㋙、㋚も（４、６）の組みあわせになることがわかるので、条件を満たすように残りの数字も同様に決めていくと、図３のようにパズル面を完成させることができます。

図１

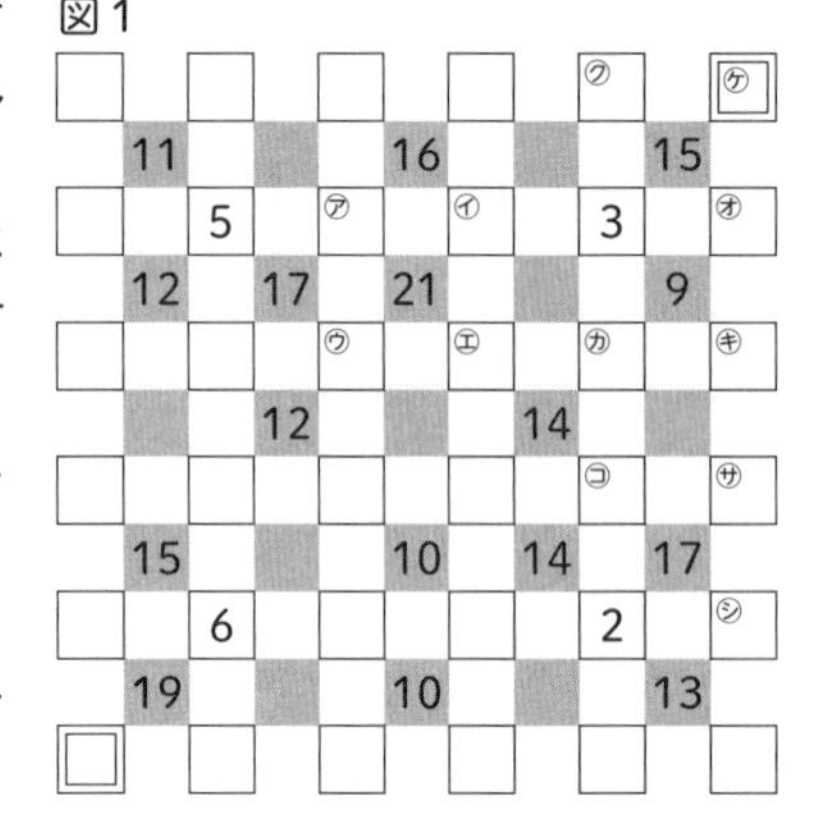

図２

								㋗		㋘
	11				16				15	
		5		㋐		㋑		3		2
	12		17		21				9	
				㋒		㋓		1		3
			12				14			
								㋙		㋚
	15				10		14		17	
		6						2		5
	19				10				13	
								5		1

図３

2		3		5		1		4		6
	11				16				15	
1		5		4		6		3		2
	12		17		21				9	
4		2		6		5		1		3
			12				14			
5		1		3		2		6		4
	15				10		14		17	
3		6		1		4		2		5
	19				10				13	
6		4		2		3		5		1

今月のプレゼント！

切り離して使える付箋「ココサス」シリーズ

教科書や単語帳を使って勉強するとき、付箋（ふせん）を活用している方も多いと思います。でも、付箋を貼ったページのどの文章を強調したいのか、どの単語を覚えたいのか、あとから見て混乱してしまった経験はありませんか？　そんな悩みを解決する付箋が「ココサス矢印」（ビバリー）です。

付箋の途中にミシン目が入っており、矢印部分を切り離して使うことができます。ページ内の重要な部分にココサスを貼ったら、ミシン目で切り離して長い方をブックマークに。強調したい部分とブックマークを色でリンクさせられるので、同じページに複数枚貼ってもわかりやすいままです。

今回は、シンプルで使いやすい「ココサス　矢印クラシック」を、10名さまにプレゼント。

今月号の問題

マスターワード

？に入る文字を推理するパズルです。☆は？に入る文字が使われていますが、入る位置が違うことを表しています。☆1個につき1文字です。★は入る位置も正しく使われています。また、単語は、BOOKやEVERYのように、同じ文字が含まれていることはありません。

【例】次の？？？に当てはまる3文字の英単語を答えなさい。

？？？		
①	CAT	☆☆
②	EAT	☆☆
③	SEA	☆☆
④	USE	★

【解き方】

③と④を比べると、Aが使われていて、Uは使われていないことがわかり、さらに②、③から、Aは1文字目です。

次に、④でSが使われているとすると、Eは使われていないことになり、②からTが使われていることがわかります。ところが、④からSは2文字目の位置になるため、Tの位置が①、②と矛盾します。

よって、④ではEは使われていることになり、②からTが使われていないと判断できます。こうして推理を進めていくと？？？は“ACE”ということがわかります。それでは、この要領で次の問題を考えてみてください。

？？？？？		
①	RELAX	★★☆
②	TRAIN	☆☆☆
③	NOVEL	★★
④	BREAK	★☆
⑤	VOICE	☆☆

【問題】次の？？？？？に当てはまる5文字の英単語はなんでしょうか？

ヒント：まず、③と⑤を比べ、次に①と③を比べると、5文字の単語であることから、使われているアルファベットの種類や位置を絞ることができます。

応募方法

下のQRコードまたは104ページからご応募ください。
◎正解者のなかから抽選で右の「**ココサス　矢印　クラシック**」をプレゼントいたします。
◎当選者の発表は本誌2022年8月号誌上の予定です。
◎応募締切日 2022年4月15日

12月号パズル当選者（全応募者43名）

上野　紗佳さん（中1・埼玉県）
仁尾　海渡さん（中2・千葉県）
横田　結さん（中3・東京都）

夢が広がる高校選びの情報満載!

Success15

バックナンバー好評発売中!

2022年 2月号

本番で実力を発揮できる
強さを作ろう

100分の1ミリで生み出す
「時計」の世界

Special School Selection
開成高等学校

私立高校WATCHING
中央大学附属高等学校

2021年 12月号

スピーキング重視時代

「withコロナ入試」再び

自宅で楽しめる
身近になったVR

Special School Selection
東京都立西高等学校

私立高校WATCHING
明治大学付属中野高等学校

2021年 10月号

まずは公立高校か
私立高校か?

自動運転バスがかなえる
自由な移動

Special School Selection
早稲田大学本庄高等学院

公立高校WATCHING
東京都立立川高等学校

2021年 8月号

まず学校説明会に
参加しよう!

知られざる「緑化」の効果

Special School Selection
東京都立戸山高等学校

私立高校WATCHING
桐朋高等学校

2021年 6月号

挑戦のときがきた

時代に合わせて
変化する「辞書」

Special School Selection
慶應義塾志木高等学校

公立高校WATCHING
神奈川県立川和高等学校

2021年 4月号

高校受験はどう変わる?

JAXAが作る未来の飛行機&ヘリ

Special School Selection
早稲田大学高等学院

高校WATCHING
埼玉県立春日部高等学校
中央大学杉並高等学校

2021年 2月号

戦術あり!? 入試直前アドバイス

ロボット技術の現在と未来

Special School Selection
早稲田実業学校高等部

高校WATCHING
巣鴨高等学校
千葉県立船橋高等学校

2020年 12月号

「with コロナ」で迎える高校入試

見どころ満載の「城」を
もっと楽しもう!

Special School Selection
東京学芸大学附属高等学校

公立高校WATCHING
東京都立青山高等学校

2020年 10月号

学校選択のための
ポイントはココにある

"伝わる"プレゼンテーションとは?

Special School Selection
筑波大学附属駒場高等学校

公立高校WATCHING
埼玉県立大宮高等学校

2021年 夏・増刊号

将来が決まる
大学入試のこと

加藤先生の
共通テスト指南書

「SDGs」を通して
未来を考えよう

多彩な国際教育を実践する学校
国際基督教大学高等学校
東京都立国際高等学校
関東国際高等学校
佼成学園女子高等学校

2021年 秋・増刊号

君を成長させてくれる
大学とは

グラフィックレコーディング
を学ぼう

欲張るからこそ輝く高校生活
国学院大学久我山高等学校
東京都立新宿高等学校

これより以前のバックナンバーはホームページでご覧いただけます (https://www.g-ap.com/)

バックナンバーはAmazonもしくは富士山マガジンサービスにてお求めください。

4月号

表紙：筑波大学附属駒場高等学校

FROM EDITORS 編集室から

今号では5ページから物流についての特集を組んでいます。取材して驚いたのは、そこに導入されているテクノロジーの数々です。最先端のロボットやシステムが活用されていて、まさに「物流新時代」と表現できる世界にワクワクしました。これまで知らなかった世界をのぞいてみるのは楽しいですね。

本誌には、特集以外にも研究室にズームイン、最先端科学ナビ、中学生のための経済学などなど、様々な分野の記事がそろっています。そして次号からはプログラミングについての連載もスタート。もしあまり興味がない分野の記事であったとしても、ぜひ一度読んでみてください。きっと新たな興味が生まれると思います。 （S）

Next Issue 6月号

Special

自分に合った 学校を選ぶには？

世界に誇る 日本の陶磁器入門

Special School Selection

私立高校WATCHING

公立高校WATCHING

突撃スクールレポート

ワクワクドキドキ熱中部活動

※特集内容および掲載校は変更されることがあります。

Information

『サクセス15』は全国の書店にてお買い求めいただけますが、万が一、書店店頭に見当たらない場合は、書店にてご注文いただくか、弊社販売部、もしくはホームページ（104ページ下記参照）よりご注文ください。送料弊社負担にてお送りします。定期購読をご希望いただく場合も、上記と同様の方法でご連絡ください。

Opinion, Impression & ETC

本誌をお読みになられてのご感想・ご意見・ご提言などがありましたら、104ページ下記のあて先より、ぜひ当編集室までお声をお寄せください。また、「こんな記事が読みたい」というご要望や、「こういうときはどうしたらいいの」といったご質問などもお待ちしております。今後の参考にさせていただきますので、よろしくお願いいたします。

サクセス編集室 お問い合わせ先

TEL : 03-5939-7928　FAX : 03-3253-5945

今後の発行予定

発行日	号	発行日	号
5月16日	6月号	9月15日	10月号
7月15日	8月号	10月15日	秋・増刊号
8月15日	夏・増刊号	11月15日	12月号

FAX送信用紙

※封書での郵送時にもコピーしてご使用ください。

101ページ「マスターワード」の答え

氏名

学年

住所（〒　　　－　　　）

電話番号

（　　　　）

現在、塾に

通っている　・　通っていない

通っている場合

塾名

（校舎名　　　　）

面白かった記事には○を、つまらなかった記事には×をそれぞれ３つずつ（　）内にご記入ください。

（　）05 テクノロジーで大きく進歩 私たちの生活を支える「物流」
（　）12 Special School Selection 筑波大学附属駒場高等学校
（　）18 私立高校WATCHING 昭和学院秀英高等学校
（　）22 公立高校WATCHING 埼玉県立川越女子高等学校
（　）26 ワクワクドキドキ 熱中部活動 富士見丘高等学校 模擬国連部
（　）32 高校受験生のこの１年 どう過ごすかを考える
（　）40 この１年間の「学び」を 勉強から探究に進化させよう
（　）46 受験生のための明日へのトビラ
（　）48 突撃スクールレポート 専修大学附属高等学校
（　）50 スクペディア 修徳高等学校
（　）51 スクペディア 女子美術大学付属高等学校
（　）52 スクペディア 和洋国府台女子高等学校
（　）53 スクペディア 拓殖大学第一高等学校
（　）56 レッツトライ！ 入試問題
（　）58 帰国生が活躍する学校 青稜高等学校
（　）61 中学生の未来のために！ 大学入試ここがポイント
（　）62 東大入試突破への現代文の習慣
（　）65 研究室にズームイン 東京大学大気海洋研究所 佐藤克文教授
（　）74 東大生リトの とリトめのない話
（　）76 キャンパスデイズ十人十色
（　）81 耳よりツブより情報とどきたて
（　）82 マナビー先生の最先端科学ナビ
（　）84 なぜなに科学実験室
（　）88 中学生のための経済学
（　）89 ピックアップニュース！
（　）90 思わずだれかに話したくなる 名字の豆知識
（　）92 ミステリーハンターQの タイムスリップ歴史塾
（　）93 サクセス印のなるほどコラム
（　）94 中学生でもわかる 高校数学のススメ
（　）98 Success Book Review
（　）99 サクセス映画館
（　）100 解いてすっきり パズルでひといき

FAX.03-3253-5945 FAX番号をお間違えのないようお確かめください

サクセス15の感想

高校受験ガイドブック2022 4 Success15

発　行：2022年３月15日 初版第一刷発行
発行所：株式会社グローバル教育出版　〒101-0047 東京都千代田区内神田2-5-2 信交会ビル3F
ＴＥＬ：03-3253-5944
ＦＡＸ：03-3253-5945
Ｈ　Ｐ：http://success.waseda-ac.net/
e-mail：success15@g-ap.com

郵便振替口座番号：00130-3-779535
編　集：サクセス編集室
編集協力：株式会社 早稲田アカデミー